강점면접

나는 나대로 붙는다

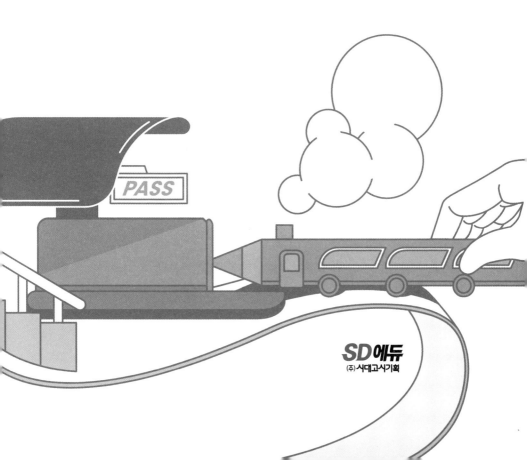

SD에듀
(주)시대고시기획

취업은 하고 싶지만 면접은 보기 싫어

치열하게는 아니어도 열심히 살았다고 생각했다. 전공이 그다지 맞지는 않았지만 그래도 그 끈을 놓지는 않았다. 팀 프로젝트에서 무임승차 한 번 해본 적 없고 시험기간에는 도서관에서 밤 늦게까지 공부도 했다. 학과 리더는 아니어도 학과 행사에 곧잘 참석했고 교환학생도 다녀왔다. 방학 때는 틈틈이 아르바이트도 하며 바쁘게 지낸 것 같은데… 이상하다. 왜 자소서랑 면접에서 써먹을 이야기가 없을까?

4학년 즈음부터 '취업'이 성큼 다가왔다. 어떤 직업을 가져야 할지 깊이 생각해볼 틈도 없이 취업 전선에 뛰어들었다. 아니, 뛰어든 것이 맞나? 어쩌다 취준생이 되었다. 주변을 돌아보니 다들 진작부터 취업 준비를 하고 있었나 보다. 서포터즈, 봉사단, 대외활동도 각양각색, 인턴은 또 언제들 한 건지. 나만 너무 느긋했나 싶다. 지금부터 시작해도 늦지 않은 걸까? 이런 나도 취업이 될까? 자소서에 쓸 경험도 없고 면접 가서 할 말도 없는데.

당장 면접이 잡혔는데 빈손으로 가게 생겼다. 어렵게 잡힌 면접이 반갑기도 하면서 반갑지 않기도 하다. 가기 전부터 주눅이 든다. 면접장에서 병풍을 서다 오거나, "누구 씨는 인턴 안 했어요?" 이런 이야기라도 들은 날에는 그 여파가 상당하다. 몇 날 며칠 애도의 시간이 필요하다. 마음을 겨우 추스르고 다시 자기소개서부터 시작해 보려고 하지만 손에 잡히질 않는다. 계속 떨어지는데 이렇게 하는 것이 맞나 싶고, '실패는 성공의 어머니'라는데 아닌 것 같다. 그저 '트라우마의 어머니'일 뿐. 면접을 보면 볼수록 점점 어렵다. 면접 가기 며칠 전부터 심장이 쿵쾅거린다. 그냥 가지 말까.

"모든 것을 리셋하고 싶다"

취업 준비생이라면 한번쯤은 가져봤을 자기반성과 참회의 시간. 현장에서 취준생들을 만나 이런저런 이야기를 듣다 보면, 마치 신부님이 된 기분이 들 때가 있다. 각자 사연은 달라도 내용은 비슷하다. 다른 사람들에 비해 자신이 턱없이 부족한 것 같다는 말이다.

"방학 때 배낭여행 가지 말고 인턴이나 할 걸 후회가 돼요."
"공백기에 대해 질문을 받으면 어떡하죠? 졸업을 더 유예할 걸 그랬나봐요."

자기소개를 쓰다가 자기반성으로 끝나는 뫼비우스의 띠. 어쩐지 낯설지 않은 이유는 나 또한 그 띠를 무한반복으로 돌아봤기 때문이다. 그 누구에게나 처음인 시간이고, 그동안 해왔던 학업과 달리 어떤 답이나 정도가 없기에 막막하게만 느껴진다.

"우리는 매순간 충실히 살아왔다.
그 순간을 그대로 표현하는 것이 면접이다"

면접이 어려운 이유는 자신의 지난 삶을 면접과 구분하여 생각하기 때문이 아닐까? 우리는 각자 그때그때 주어진 삶에 충실해왔다. 대학교에 입학했으면 친구들과 대학 생활을 즐겨줘야 하고, 대인관계도 넓혀야 하니까 학회나 동아리에 기웃거려 보기도 하고, 배낭여행 갈 비용 마련을 위해 아르바이트도 하고, 이 모든 것이 나에게는 그 순간 최선이었다. 그렇다면 그때의 나를 고스란히 면접에서 써먹으면 된다.

"전 그동안 뭐한 거죠." 많은 취준생이 자주 하는 이 말은 '더 열심히 할 걸' 싶은 후회의 의미도 있지만, 무엇보다 '지금부터라도 열심히 해서 취업 잘해보고 싶어요'라는 말이기도 하다. 이 책을 읽기로 결심한 당신은 잘해보고 싶은 것이다.

자신에게 주어진 기회를 잘 해내고 싶고, 좋은 기회를 잡아보고 싶은 사람들, 지금이라도 나에 대해 깊이 생각하고 나만의 강점을 찾아 자신 있게 이 일생일대의 허들을 넘어보고 싶은 사람들, 이 책은 그런 사람들을 위한 책이다.

"저도 강점이 있을까요? 누가 좀 찾아줬으면"

누구나 강점은 있다. 그것을 스스로 아느냐, 모르느냐의 차이일 뿐이다. 취준생들을 만나면서 가장 안타까울 때는, 충분히 괜찮은데 필요 이상 자신을 과소평가하는 사람을 볼 때이다. 면접에서 떨어지고 남들과 비교하면서 자신의 부족한 점만 보는 취준생들을 볼 때 무척 안타깝다.

우리는 학창시절부터 총점으로 평가받는 것에 익숙해져 왔다. 총점으로 평균점수 혹은 등급을 환산하여 줄을 세우다 보니 내가 남보다 앞인지, 뒤인지만 관찰하게 된다. 하지만 취업에서, 특히 강점을 판단하는 데 있어 중요한 것은 총점보다는 영역별 석차이다.

내가 잘하는 것이 국어가 아닌 수학이라는 것을 아는 것, 그것도 수학 중에서 미분, 적분을 잘한다는 것을 아는 것, 이것이 나의 강점을 찾아 나가는 자세이다. 설령 공부가 좀 부족하면 어떠한가. 창의력이 있거나 대인관계와 커뮤니케이션이 뛰어난 사람들이 결국 더 잘되기도 하는 것을. 취업은 단순한 입시가 아니기에, 넓은 시야로 나를 바라보고 '긍정적인 자기객관화'를 해나가는 작업이 필요하다.

자신이 가진 강점만 정확히 알고 표현해도, 그 어려운 면접에서 승산이 있다는 것을 알려주고 싶다. 행여 부족한 점이 있더라도 그 사람만의 강점이 확실하면 뽑아주는 것이 면접이다. 부족한 점, 노력이 필요한 점을 정확히 아는 것도 중요하지만, 그것보다 더 먼저 알아야 할 것은 내가 내세울 수 있는 강점이다.

스스로 하기 어려운 자기객관화 작업을 조금은 긍정적이고 발전적인 쪽으로 해주고 싶었다. 생각보다 당신은 강점이 많고, 이런 것도 잘 살린다면 충분히 승산이 있노라고 말해주고 싶었다. 그러다 보니 우리만의 시그니처 '성향별 강점면접'이 만들어졌고, 이것이 우리가 강점에 주목하게 된 이유이다.

"풀 소유자가 아닌 무 소유자들을 위한, 냉장고 파먹기를 하고 싶은 사람들을 위한 책"

면접에 대한 방법론이나 답변에 대한 책들은 많다. 실제 좋은 답변 예시를 깨알같이 담은 책들도 많이 봤다. 유튜브에도 '자기소개, 이렇게만 하면 합격!'과 같은 영상들이 차고 넘친다. 하지만 보고 들을 땐 알겠는데, 나에게 적용하기가 쉽지 않다. 두괄식으로 말하고, 스토리텔링을 해야 한다는 공식은 이제 알겠는데, 빈칸에 채워 넣을 내 강점, 내 경험이 마땅치 않은 것이 문제 아닌가?

영상이나 책에서 다루는 예시 속 인물들은 대부분 풀 소유자들뿐이다. 직무에 꼭 맞는 인턴, 관련 대외활동을 했음은 물론이고 성격도 좋다. 나는 당장 집밥을 차려 먹고 싶은데, 재료부터 낯선 프랑스 요리법 영상을 보는 것처럼 거리감이 느껴진다. 당장의 몇 줄 답변을 쓰기 전에, 나란 사람을 요리조리 뜯어보고 진짜 나다운 답변을 만들 수 있는 책이 필요하다는 생각이 들었다.

이 책은 마치 '냉장고 파먹기'를 하는 심정으로, 대단한 스펙이나 경험이 없는 사람들도 지금까지의 과거를 통틀어 내 강점과 경험을 찾을 수 있는 방법들을 소개할 것이다. 책을 덮고 미궁 속으로 빠지는 것이 아니라, 바로 골라서 쓸 수 있는 강점 단어들도 다양하게 담고자 했다. 그리고 답변 예시를 들 때에도 '여기서 인턴 했으면 아무 말이나 해도 합격 아니야?'라는 생각이 드는 대단한 경험이 아니라, 흔하고 소소한 생존형 예시들을 담았다. 이 책을 보는 당신이 면접에 가기 싫은 마음이 조금은 사라지도록, 조금은 스스로에게 자신감을 가지고 '해볼 만하다'는 마음을 먹도록 말이다.

나는 나대로 너는 너대로, 각자의 이유로 합격하면 된다.

차 례

나는 나대로 붙는다 **강점면접**

차 례

만약에 시리즈

만약에 일이 적성에 맞지 않는다면?

만약에 상사가 부당한 지시를 한다면?

만약에 고객이 무리한 요구를 한다면?

만약에 퇴근 전 업무 지시를 받았는데 약속이 있다면?

만약에 동료와 갈등을 빚게 된다면?

나는 나대로 붙는다 **강점면접**

STEP 1.
강점에 대한 생각 바꾸기

"강점 없는 사람은 없다.
아직 찾지 못했을 뿐.
강점은 쌓는 것이 아닌, 찾는 것이다."

강점은 쌓는 것이 아닌 찾는 것이다

"당신의 강점은 무엇입니까?"

이 질문에 속 시원하게 대답할 수 있는 사람이 과연 몇이나 될까? 선뜻 대답이 나오지 않는다고 해서 '난 면접장에 갈 자격도 없어!'라고 자책할 필요는 없다. 나뿐 아니라 누구에게나 어려운 질문이니까 말이다. 나만의 강점이 있어야 면접에서 합격한다는 것은 누구나 아는 사실이지만 생각보다 자신의 강점을 제대로 알고 있는 사람은 많지 않다. 하지만 강점이 없는 사람은 없다. 아직 찾지 못했을 뿐이다.

우리는 살면서 나란 사람, 나의 강점을 진지하게 생각해 본 적이 없다. 인터넷에서 가볍게 해본 MBTI 유형이나 예전 동아리에서 재미로 쓴 롤링페이퍼 속 문구들로 나란 사람의 특징을 유추해 볼 뿐이다. 제대로 알고 싶지만, 우리에게는 시간이 없다. 당장 눈앞의 면접을 준비해야 하기 때문이다. 하지만 급하게 면접 준비를 하면서도 결국은 내 강점과 마주하게 된다. "나만의 차별화된 강점이 무엇인가", "본인을 뽑아야 하는 이유"와 같은 질문에 답변하기 위해 강점을 급하게 생각하고, 우선은 지원 직무상 필요할 것 같은 강점을 채워 넣는다.

답변에 나를 끼워 맞추다 보니 안 맞는 옷을 입은 것 같은 느낌이 든다. 때로는 없는 경험을 지어내거나 작은 경험에 과도한 MSG를 치게 된다. 가장 자신 있게 해야 할 답변인데도, 가장 자신이 없어진다.

우리가 강점에 주목해야 하는 이유

취업은 나만의 강점이라는 화살로 정확히 과녁을 설정하여 명중시키는 과정이다. 직무와 기업 설정부터 자소서, 면접 준비의 모든 과정에서 매번 고려해야 할 사항이 바로 강점이다. 강점에서 시작해 강점으로 끝나는 이 긴 대장정을 정작 강점을 잘 모른 채 시작하는 사람들이 너무나 많다. 하지만 본인의 강점을 모르고 무작정 시작하는 것은 하늘을 향해 화살을 쏘는 것과 같다.

'면접에 가서 답변만 잘하면 되지, 꼭 내 강점을 깊이 있게 들여다봐야 하나?'라는 생각이 들 수도 있지만 나의 강점을 정확히 아는 것은 그 답변에 더욱 힘을 실어주고 면접 전체에 걸쳐 더 강력하게 나를 돋보이게 해줄 수 있다. 강점은 마치 우리가 물건을 구매할 때 확인하는 그 제품만의 주 기능, 특별 사양 같은 것이다. 판매원이 구매자의 선택을 돕듯이, 내 강점을 다각도로 알려주어 면접관의 선택을 돕는 것이 지원자의 몫이다.

면접은 면접관에게 나란 사람에 대한 인상을 남기는 과정이다. 그리고 그 인상은 확신으로 이어져야 한다. 이 과정에서 면접관은 내가 하는 답변만 듣고 그 말에 의존해서 나를 뽑지 않는다. 내가 어떤 사람이고, 이 직무에 필요한 역량을 갖춘 사람인지, 우리 조직에 잘 맞는 사람인지를 여러 질문들을 통해 알아서

안심Touch

확인하고 있다. 나란 사람을 내가 먼저 요리조리 뜯어보고 분석해서 강점이 무엇인지 친절히 알려주어 나를 선택하도록 도와야 한다.

내 강점 찾기에 많은 시간을 쏟기엔 준비할 답변이 너무나 많다고 생각하는 사람이 있다면 꼭 말해주고 싶다. 잘 찾은 강점 하나가 열 답변을 책임져 준다고. 이 과정에서 강점을 잘 찾는다면, 면접에서 받게 될 수많은 질문과 연동되어 자동으로 준비된다.

내가 찾은 강점은 "자신의 강점을 말해 보시오"와 같은 한 번의 답변에만 쓰는 것이 아니다. 이를 응용하여 경험 질문, 가치관 질문, 상황 가정 질문 등 다양한 질문에 사용할 수 있다. 이를 우리는 '돌려막기'라고 한다. 애써 짠 답변을 여러 답변에 응용하여 답변 준비도 수월하게 하고, 일관성 있는 캐릭터를 구축할 수 있는 돌려막기 방법도 이후 단계에서 자세히 소개할 것이다.

강점을 찾고 싶어? 그럼 이 생각부터 버리길

취준생들과 함께 해온 지 어언 10년. 각자의 사연은 다르지만, 취준생들이 흔히 공통적으로 갖는 강점에 대한 잘못된 생각들이 있음을 발견할 수 있었다.

크고 거창한 것을 말해야 한다는 생각

"이런 것도 강점으로 살릴 수 있나요?"
"면접에서 이런 말을 해도 되나요?"

사람들은 보통 면접에서는 뭔가 거창한 것을 말해야 한다고 생각한다. 하지만 강점이 될 수 있는 것과 없는 것이 따로 있지 않다.

중요한 것은 '어떻게 강점으로 살리느냐'이다.

우리는 스펙이 좋고 여러 가지 화려한 경력을 쌓은 사람들이 면접에서 합격한다고 생각한다. 하지만 그런 사람들만 합격하는 것은 결코 아니다. 그 경험 속에 담긴 나란 사람의 강점을 누가 더 잘 전달하느냐가 중요하다. 제 아무리 대단한 능력을 가지고 있거나 크고 유명한 기업에서 인턴을 했다 하더라도 제대로 전달이 안 되면 소용이 없다. 반대로, 어떻게 보면 작고 소소한 강점, 경험일 수 있지만 극대화하여 살려낸다면 면접관의 관심과 확신을 이끌어낼 수 있다. 면접관의 입장에서는 작고 사소한 일도 충분히 지원자의 면모와 역량을 확인할 수 있는 요소가 된다.

| 면접을 잘 본다 | = | 면접관이 나의 강점을 파악하도록 정리해서 전달한다 |

우리의 슬로건인 "나는 나대로 붙는다"가 탄생하는 데 혁혁한 공을 세운 한 친구 이야기를 하고 싶다. 항공사 취업 컨설팅에 주력하던 시절, 객실승무원이 되기 위해 찾아온 남학생이 있었다. 체대 출신에 그리 높지 않은 스펙, 말주변도 좋지 않아 여러 번 면접에서 탈락한 상황에서 우리를 찾아왔다. 체육을 전공하면서 한 일이라고는 운동밖에 없다 보니, 작은 경기에서 심판을 보거나 아이들을 대상으로 운동을 가르친 이야기를 '영끌'하여 살려야만 했다. 체대 출신으로서의 체력과 정신력, 그리고 심판을 하면서 발휘한 빠른 상황 판단력, 아이들과 학부모를 대하면서 길러진 서비스 정신을 크게 나누어 답변을 만들어 나갔고, 취업 준비 기간 처음으로 1, 2차 면접을 모두 통과해 최종 면접만을 앞두게 되었다. 유례없는 성과에 기뻐해야 할 상황인데도 어두운 낯빛으로 앉아있는 그를 보고 무엇이 걱정되는지 물었다.

안심Touch

"최종 면접에 진출한 사람들이 다들 어학능력도 뛰어나고 해외 경험도 있더라고요. 어떤 지원자는 인턴 경험도 있고, '난다 긴다' 하는 사람들 사이에서 제가 과연 될 수 있을지 갑자기 걱정이 되네요. 살면서 한 거라고는 운동밖에 없으니까… 제 장점이나 이야기들이 너무 작아서 어필이 안 되면 어떡하죠?"

"그래 그런 생각이 들 수 있겠다. 하지만 지금 1, 2차 면접을 이미 너의 강점과 경험들로 잘 통과해 왔잖아. 그 사람들은 그 사람의 강점으로 붙는 거고, 너는 너의 강점으로 붙는 거야. 나는 나대로 너는 너대로. 의심하지 말고 네가 전달해야 할 이야기에만 집중해!"

"네, 맞네요. 나는 나대로."

결국 그 친구는 쟁쟁한 사람들 사이에서 최종 합격했다. 내가 가진 것이 딱 한 개라 하더라도 그 한 개를 잘 전달한 사람은 합격할 수 있다. 그리고 그 한 개가 크고 거창한 것이 아닌, 어찌 보면 작고 소박한 것이라 하더라도 상관없다. 그것의 크고 작음은 면접관이 판단한다. 내 역할은 면접관이 옳은 판단을 하도록 잘 전달하는 것일 뿐!

> 강점이 될 수 있다 vs. 없다 ➡ 어떻게 강점으로 살려볼까?

남들과 비교해 우위에 있는 강점을 말해야 한다는 생각

한 학생과 나누었던 대화가 생각난다. 그 학생은 성격 자체가 세심하고 매사에 꼼꼼한 태도가 강점이었다. 꼼꼼하고 세심한 점을 강점으로 내세워보자고 했더니 그 학생이 이런 말을 했다.

"근데 생각해 보면 진짜로 꼼꼼한 사람들 사이에서는 그다지 꼼꼼한 것도 아니에요. 그냥 그때 일이 꼼꼼하게 처리해야 하는 일이었던 것뿐이에요. 이 직무에 지원하는 사람들도 대체로 다 꼼꼼하지 않을까요?"

물론 면접을 앞둔 취준생 입장에서 충분히 할 수 있는 합리적인 의심이다. 반드시 거쳐야 하는 과정이기도 하다. 하지만 문제는 이런 생각이 깊이 있는 탐색으로 이어지지 않고, '이거 말고 딴 거' 이런 식으로 겉도는 생각에 그치다 보면, 내 강점은 끝끝내 찾기 어려워진다는 것이다.

누구나 할 수 있는 평범한 이야기로 묻히라는 뜻이 아니다. 남과의 비교 우위 이전에, 내 안의 비교 우위가 중요하다. '내 여러 면모 중 가장 두드러진 장점이 뭘까?' 내 안에서의 비교를 먼저 해야 한다. 자기확신이 이루어진 상태에서 다른 이들과의 변별력을 갖출 방법을 고민하는 것이 맞다.

내 안의 가장 두드러진 나. 그것이 곧 강점이다. 강점은 한 마디로 내 '주기능'이다. 나란 사람을 쭉 뜯어보고 두드러진 기능을 선별하는 작업이 필요하다. 그중 특히나 남들보다 뛰어나다고 생각하는 점을 확신 있게 이야기하면 된다.

강점은 쌓는 것이 아니라, 찾는 것이다

취준생의 삶은 무소유에서 풀(full)소유로 가는 과정이다. 무언가를 쌓고 채워 나가야 하는 삶. 끝끝내 풀소유에 이르지 못하더라도 우리의 궁극적인 목표는 취업 준비에 있어 필요한 모든 것을 갖추어 나가는 것, 이를 통해 좋은 곳에 취업하는 것이다.

스펙, 경력, 직무 적성, 인성 등 여러 정량적, 정성적 요소들이 총체적으로 평가되는 만큼, 여러 영역에서 부족한 점들을 채워 나가야 하는 바쁜 삶이다.

안심Touch

하지만 강점은 쌓아 나갈 필요가 없다. 내 강점은 이미 내 안에 있다. 종교적인 이야기 같지만 사실이다. 스펙처럼 높여가야 하는 것도, 경험처럼 따로 쌓아야 하는 것도 아니다. 나 스스로를 깊이 들여다보며 강점을 찾아내는 매의 눈과 의지만이 필요할 뿐이다.

나는 내가 아는 것보다 강점이 많다

강점을 꼭 하나만 말해야 할까? 강점 하나 찾기도 어려운데 무슨 소리냐고? 하지만 강점을 하나만 찾는 것이 더 어렵다고 생각한다.

개인적으로 "제일 좋아하는 음식이 뭐야?"라는 질문이 너무 어렵다. 왜? 하나만 고르면 다른 음식들이 너무 섭섭해 하니까. 이럴 때 먹는 음식, 저럴 때 먹는 음식, 분야별로 좋아하는 음식이 다 다른데, 어떻게 하나만 고르나. 한 가지만 뽑는 것은 너무 가혹하다.

강점도 마찬가지다. 분야별로 상황별로 강점을 나눈다면 여러 강점을 찾을 수 있고 상황에 맞는 강력한 어필이 가능하다.

안심Touch

강점은 쪼갤수록 많아진다

우리가 맛집 사장이라고 생각해 보자. SNS에 홍보를 하기 위해 우리 식당만의 강점이 무엇인지 생각해 보기로 했다. 먼저 우리 식당의 시그니처 메뉴가 무엇인지 확실해야 한다. 다른 식당과는 구별되는 재료, 조리법, 맛의 차별점이 무엇인지 생각해야 한다.

당연히 본질인 맛과 메뉴에 집중해야 하겠지만 그것만이 강점이 되는 것은 아니다. 사진 찍기 좋은 예쁘고 트렌디한 플레이팅이나 인테리어가 강점이 될 수 있다. 그리고 상권, 주차장과 같은 부분들도 선택에 결정적 요인이 될 수 있다.

강점이 하나만 있는 것보다는 여러 각도에서 다양한 강점이 있을수록 소비자의 선택을 받을 확률이 높아진다. 메뉴의 강점, 외관/인테리어의 강점, 위치/접근성의 강점으로 나누니 홍보할 포인트가 많아졌다. 누군가에게는 이 강점이 총체적으로 합쳐져 좋은 인상을 줄 것이고, 누군가에게는 단 하나의 강점만으로도 충분히 방문할 이유가 된다. 우리의 강점 역시, 막연하게 생각하는 것보다 기준점을 두고 여러 관점에서 접근하면 더 많은 강점을 체계적으로 추려볼 수 있다. 즉, 쪼개어 생각하면 더 많은 강점을 찾을 수 있다. 면접에서 10개 이상의 강점을 말할 수는 없지만 (그럴 필요도, 기회도 없다) 두세 개 정도로 쪼개어 추려 놓는다면 상황에 적합한 답변을 할 수 있다.

강점을 쪼개면 좋은 이유

면접관은 나의 다양한 면을 본다. 무엇보다 우선시하는 것은 직무 역량이다. 이 일을 잘해 낼 능력이 있는 사람이 필요하다. 완벽히 똑같은 직무 경험은 없더라도 그 기반이 되는 역량적 강점을 갖추고 있기를 원한다.

그러나 업무 역량만 보는 것은 아니다. 기업의 한 조직원으로서의 자세와 동료, 유관 부서와의 커뮤니케이션 역량, 대인관계능력, 가치관 등 다양한 영역에 걸쳐 한 사람을 판단하는 것이다. 쉽게 말해, 일 잘하고 책임감 있고 성격 좋은 사람을 원한다.

우리가 아르바이트나 팀 프로젝트를 했던 경험을 생각해 보자. 함께 하는 동료가 능력 있는 것도 중요하지만, 성격이 안 좋으면 골치가 아프다. 소통이 안 되거나 협조적이지 않거나 무책임하기까지 하다면 아무리 능력이 뛰어나도 함께 하고 싶지 않다고 느꼈던 경험이 누구나 있을 것이다. 직장생활은 더욱 그렇다. 역량만큼이나 기본적인 인성, 대인관계 역량, 가치관 등 중요한 요소가 많다. 즉, 우리는 면접에서 일 잘하는 사람과 성격 좋은 사람의 면모를 균형감 있게 보여줘야 한다.

한 가지가 눈에 띄게 특출난 사람도 있지만, 어떤 영역에서도 과락이 없이 두루두루 갖춘 사람이 더 낫기도 하다. 업무 역량은 당장은 부족해도 경험을 쌓으면 되지만, 성격이나 대인관계 역량은 쉽게 바뀌지 않기 때문에 놓치지 않고 확인하고자 한다.

그렇기 때문에 우리는 면접관이 확인하고자 하는 여러 영역에 걸쳐 각 영역을 대표하는 강점 키워드를 찾아 놓아야 한다.

어떤 식으로 쪼개어 찾아볼 수 있을까?

내 캐릭터

먼저, 내 성격의 장점이 무엇인지 생각해 보자. 우리는 앞으로 이것을 '캐릭터적 강점'이라고 부를 것이다. 내 천성에 가까운 성격, 성장과정부터 차곡차곡 쌓여

온 내 성향, 다양한 순간에 자연스럽게 발현되어온 성향적인 장점이 이에 해당된다. 흔히 보자마자 단박에 느껴지는 그 사람의 분위기이기도 하다. 차분하고 침착한 성격, 밝고 적극적인 성격 등은 잠깐만 이야기를 나눠봐도 바로 느껴진다.

업무상 내 모습

업무상 강점이 있다. 평소에는 그렇지 않지만 일하는 상황에서 두드러지는 나의 특성이 있다면, 그것 또한 내 강점이다. 일을 할 때 내 업무 스타일, 특히 잘하는 것 등을 생각해 보면 된다. '평소에는 절대 그렇지 않은데' 이런 식의 양심선언은 지금 이 순간 불필요하다. 사회생활에서 두드러진 면이 오히려 면접관 입장에서는 내가 어떻게 일할 사람인지 판단하는 데 도움이 된다.

한 가지를 꼼꼼하게 하는 사람이 있는가 하면, 여러 가지를 동시에 착착 수행하는 것에 능한 사람이 있다. 그리고 창의적으로 아이디어를 내는 것을 주로 담당하는 사람도 있고, 다같이 낸 아이디어를 더 좋은 방식으로 구현할 효율적인 방법을 고안하는 역할을 잘하는 사람도 있다. 이는 평소 성향이라기보다는 일을 하거나 어떤 목표를 수행할 때 드러나는 면이므로 편의상 업무상 강점이라고 한다.

사람들 사이에서의 나

사람들과의 관계 속에 드러나는 강점이 있다. 혼자 있을 때 말고 사람들 사이에서 나타나는 나의 모습을 떠올려 보자. 4~5명의 팀으로 과제를 할 때 나는 주로 어떤 역할을 맡을까? 나는 주변 사람들에게 어떤 존재일까? 어떤 식의 소통을 하는 사람일까? 누군가는 주위 사람을 잘 챙기고, 누군가는 남들이 귀찮아할 수 있는 일들을 자진해서 맡으며, 누군가는 일을 분배하고 독려하는 것을 잘한다. 누군가는 공감을 잘하고 누군가는 해결책 제시를 잘하며, 또 누군가는 의견 조율을 잘한다.

물론 특별한 경험, 남들이 잘 가지고 있지 않은 스펙 등도 강점이 될 수 있다. 그러한 경험도 추후 다룰 것이다. 일단 우리는 우리의 성향(타고난 성향, 업무적 성향, 대인관계 성향)에 해당하는 강점을 일종의 분류 기준을 가지고 접근하는 방법에 대해 말하고 있다. 내 안에 나는 다양하다. 우리는 생각만큼 단순하지 않은 존재이다. 이 책을 읽으면서 면접 답변 준비 그 이상으로 나를 찾아가는 의미 있는 경험을 하게 될 것이다.

면접에서 하지 못할 이야기는 없다

예전에 인터넷에서 취업을 다룬 예능 짤을 본 적이 있다. "무슨 다 경력직만 뽑으면 나 같은 신입은 어디서 경력을 쌓나!?" 웃긴 영상이었지만 취업준비생들은 결코 웃을 수 없는 현실을 반영하고 있다. '근무 경력이 있는 신입', '실무 경험이 있는 신입' 이런 표현들이 우리를 주눅들게 한다. 괜히 빈손으로 온 느낌, 더욱이 요즘은 인턴을 '금턴'이라고 부를 만큼 인턴 기회를 잡기가 더 어려운 상황이다. 이제 갓 졸업했거나 졸업하고 1년 정도 지난 사람들은 근무 경험을 쌓고 싶어도 쌓을 수 없었을 것이고, 괜히 '그 동안 뭐했나' 하는 박탈감이 든다.

그런데 생각해 보자. 인사담당자들이 실무 경험이 있는 지원자를 원한다면 그 이유는 무엇일까? 실무 경험이 있는 사람을 더 선호하는 것은 사실이다. 그 이유는 회사 인재 채용 과정에서의 리스크를 줄여주기 때문이다. 간접적으로나마 경험을 해본 사람은 어느 정도 기본은 갖추었다는 막연한 신뢰를 준다. '경험'이라는 것은 많은 것을 일깨워준다. 내가 무엇을 잘하고 무엇을 못하는지, 내가

이 일에 어느 정도 잘 맞는지, 이 일을 잘 해내기 위해서 무엇이 필요하고 더 쌓아야 할 역량은 무엇인지 등 직무를 멀찍이서 바라봤을 때보다 많은 것을 체감하게 해준다. 새롭게 일을 하면서 필연적으로 하게 될 적성 고민이나 시행착오를 덜 겪을 확률이 높다.

'인사가 만사다'라는 말이 있듯이, 회사에 도움이 되는 사람을 고용하기 위해 최대한의 리스크를 줄이는 것이 인사담당자의 몫이다. 이러한 의도를 고려해 본다면, 결국 해당 직무의 근무 경험이 아니더라도 유사한 경험이라도 해본 사람을 고용하는 것이 자연스러운 선택일 것이다.

"저는 실무 경험이 없는데 어떡하죠?"라는 사람이 있다면, 다행히 면접관 역시 경력직이 아닌 이상 직무와 완벽히 똑같은 실무 경험을 하기는 어렵다고 생각한다. 결국 중요한 것은 실무 경험 자체보다는 경험 속 실무 역량이다. 그렇기에 실무 역량을 쌓을 수 있는 유사한 환경, 즉 유사 경험을 어필하는 방법이 있다. 실무 경험은커녕 그 유사한 경험조차 없다고 해도 걱정하지 말자. '유사'란 말이 우리를 구원해 줄 것이다. 유사하다, 비슷하다는 것은 기준이 애매하다. 어디까지가 유사한 것일까? 우리는 이 애매한 기준을 역이용해 볼 수 있다.

지금까지의 경험을 유사 경험으로 연결하는 것

경험은 생각하기 나름이다. 관련 경험인지 아닌지 명확하게 정해져 있는 것은 아니기 때문에, 내가 관련이 있다고 생각하면 관련 경험이다. 한 마디로 '갖다 붙이기'가 필요하다. 작고 사소한 경험이라 하더라도 괜찮다. 어떤 점에서 이 직무 수행에 도움이 될지를 연결하면 된다. 지금부터 우리의 경험을 바라보는 시야를 조금 바꿔보자.

인턴 포함 실무 경험이 있다고 해서 무조건 더 유리하다는 보장은 없다. 인턴이나 근무 경험이 있다 하더라도 어떤 점을 잘했고, 어떤 것을 느꼈는지 지원자만의 관점이 없다면 변별력 없는 답변이 될 수도 있다.

"나는 실무 경험이 없는데" "이 경험을 어떻게 유사 경험으로 표현해 볼까?"

나는 버릴 것이 하나도 없다

여기서 잠깐, 짚고 넘어가야 할 것이 있다. 면접에서는 직무 관련 경험만이 의미가 있을까? 답은 NO. 결론부터 말하면, **나란 사람을 표현할 수 있는 모든 경험은 쓸모가 있다.**

인사담당자 입장에서 가장 관심을 갖는 부분이 '직무 역량'인 것은 맞다. 하지만 '얼마나 일을 잘할 사람인가' 만큼이나 중요한 것이 '어떤 사람인가'이다. 그렇기 때문에 나의 성격적인 장점, 성품, 대인관계 역량, 의사소통 방식 등을 알려줄 수 있는 경험은 모두 의미가 있다. 직무 유사 경험이라는 잣대만으로 과거를 뒤지면 허탈하기 짝이 없지만, 나란 사람을 알려줄 수 있으면 된다는 잣대로 생각하면 모든 것이 소재가 된다.

앞서 말한 것처럼 내 경험을 최대한 직무와 연결하여 유사 경험으로 표현하되, 아무리 연결하려고 해도 답이 안 나오는 경험이 있을 것이다. 직무와 연결하기 억지스러운 느낌이 들 때에는 나의 성격이나 대인관계 역량으로 풀어주면 된다. 경험 자체가 중요하다는 생각을 버리자. 얼마나 많은 경험을 했는지, 얼마나 큰 경험을 했는지는 관심 없다. 면접관은 그 경험 속에 담긴 '그 사람' 자체가 궁금하다. 어떤 작은 경험이든 자세히 들여다보면 나의 행동 속에 나만의 성향과 생각이 담겨 있다. 결국, 작은 경험 속에도 하나 이상의 강점은 있다.

지금부터 우리는 얼마나 작고 사소한 경험도 연결해서 강점답변으로 활용할 수
있는지 조목조목 알아볼 것이다.

"우리는 버릴 게 하나도 없다."

안심Touch

STEP 2.
강점 찾기

"같은 성향, 같은 경험도
스스로 어떻게 바라보느냐에 따라
나만의 강점이 될 수도
약점이 될 수도 있다.
강점은, 긍정적으로 살리고자 하는
사람에게 더 잘 보인다."

나만의 강점단어 찾는 법
"단어 쪼개기"

"과연 이게 최선일까?", "남들도 다 하는 이야기 아닐까?" 내가 봐도 뻔하고 진부한 답변에 몸서리쳐 본 적이 있는가. 우리의 답변이 진부한 이유는 하나다. 깊게 생각하고 파고들지 않았기 때문이다. 나를 대표하는 단어가 면접관 입장에서는 숱하게 들어본 표현들이다. 혹은 답변할 때 풀어내는 경험의 흐름이 지극히 '클리셰'적일 때도 많다.

면접 코칭을 하거나 기업, 학교의 면접관으로서 지원자들을 만나면서 크게 느낀 것 중 하나는 지원자들이 사용하는 용어 자체가 매우 제한적이라는 것이다.

"제 장점은 책임감입니다. 학창시절…"
"제 장점은 친절함입니다. 아르바이트를 하며…"

성실함, 책임감, 친화력, 소통능력 등 보통은 3글자 형태를 띠고 있으며, 돌고 도는 면접 팁에 많이 등장하는 단어들이다. 물론 정말 중요한 역량이다. 하지만 면접관 입장에서는 오랫동안 반복적으로 들어오다 보니 일종의 '내성'이 생겨버린 단어들이다. 내가 하루 만에 생각한 것은 남들도 금방 생각할 수 있는 것이다. 깊이 고민하지 않고 답변했다가는, 같은 옷을 입은 지하철 옆자리 승객을 마주한 듯한 민망함을 면접장에서 느끼게 될 수 있다. 성실함과 책임감은 잘못이 없다. 다른 사람들이 많이 했으니 이제 더 이상 그 강점을 내세우지 말고 딴 강점을 찾으라는 뜻이 아니다. 표현 자체를 익

숙한 표현에서 벗어나 조금 다르게 접근해보자는 말이다. 성실함도 성실함
나름이고, 책임감도 책임감 나름이다. 다시 말해, 성실하고 책임감 있는 자
세를 어필해도 좋다. 다만, 조금 더 쪼개고 파고들어 '나만의 단어'로 표현
하라는 것이다.

나만의 결을 담은 표현이 곧 참신함

누구나 답변을 참신하게 하고 싶은 욕구가 있다. 그 참신함은 나만의 단어
에서 나온다. 참신한 답변을 하고자 이색 경험을 강조하거나 튀는 발언으로
시작하는 경우가 있는데, 그것은 자칫하면 '무리수'가 되어 참담한 결과를
낳을 수도 있다.
하지만 우리의 목표는 단순히 면접 답변을 채우는 것이 아닌 나만의 '결'을
담아내는 것이다. 그렇기에 남들이 생각하는 만큼에서 그치지 않고 조금 더
나만의 단어를 찾아 나가다 보면 좀 더 특색 있는 표현을 할 수 있다.

하늘 아래 같은 성향은 없다

튀는 답변이 아닌 한 끗 차이의 신선한 답변을 하고 싶다면, 단어를 다르게
표현해 보자. 한번 더 깊이 있게 들여다보고 나만의 결을 살리는 것이다.

자, 먼저 '성실함'이라는 단어를 쪼개 보자. 성실함은 정말 중요한 덕목이지
만 다소 진부하게 느껴지고 그 사람만의 매력이 크게 와닿지 않는다. 생각
해 보면 성실함도 각양각색이다. 꾸준함, 한결같음, 능동적, 주인의식, 노

력파 등 여러 단어로 표현이 가능하다. 한 가지를 오랫동안 해온 경험이 있다면 '꾸준함'이란 단어가 더 적합할 것이고, 어떤 일을 하든 시키지 않아도 열심히 한다면 '능동적', '주인의식'과 같은 단어가 더 어울릴 것이다.

'친절함'도 마찬가지이다. '나는 친절하다'라는 단순한 표현 자체가 친절하지 않다. 사람마다 친절하게 고객 또는 상대를 응대하는 방식이 다르다. 나는 어떤 식의 친절함을 갖춘 사람인지 한번 더 생각해 본다면 상대방의 입장 고려, 상대의 성향과 니즈에 맞춤, 말하지 않아도 챙겨 줌, 불만사항의 경청, 문제 상황 적극 해결, 알기 쉽게 설명함 등 다양한 스타일의 친절함이 있다.

면접자들이 사랑하는 단어 '소통능력'도 마찬가지이다. '소통'은 너무 중요하지만 단어의 의미 자체가 너무 광범위해 오히려 그 의미가 와닿지 않는다. 니즈 파악에 능통한 사람도 있고, 의견 취합과 조율에 능통한 사람이 있다. 또한 정확한 의사전달을 추구하는 사람도 있다. 내가 강점을 보인 부분을 집중 조명한다면 과녁을 꿰뚫는 표현을 할 수 있다.

하나의 경험 영끌해서 쓰는 법
"경험 쪼개기"

이번에는 '면접의 셈법'에 대해 말하고자 한다. 면접에서, 하나의 경험은 하나가 아니다. 이게 무슨 말이냐고? 천천히 설명해 보겠다.

만약에 내가 지금까지 한 경험이 딱 한 개라고 생각해 보자. 그럼 이런 생각이 들 것이다. '내 경험은 한 개인데, 면접 질문은 여러 개. 자기소개에 이 경험을 말하고 나면 나머지 질문에는 말할 게 없는데 어떡하지?'

걱정은 넣어두자. 우리는 가진 것을 최대한 활용하여 나를 표현하기로 했다. 경험이 많아서 '1답변 1경험'을 할 수 있다면 좋겠지만, 경험이 1개뿐이라고 해서 답변을 충분히 하지 못하는 것은 아니다. 경험은 한 곳에서 했더라도, 이곳에서 뽑아낼 수 있는 이야기는 무궁구진하다. 그러므로 하나의 경험을 하나라고 생각하지 않고 쪼개어 여러 답변에 활용하고자 하는 '발굴 정신'이 필요하다.

한 경험에서 활약한 내 여러 자아를 소환하자

예를 들어, 올리브영에서 아르바이트를 한 사람이 있다고 하자. '올리브영에서 아르바이트를 했다'는 사실은 하나이지만, 이 경험에서 뽑아낼 수 있는 강점과 에피소드는 많다. 앞서 강점 쪼개기에서 나의 여러 자아를 쪼개 강점을 찾아보자고 했던 것을 기억하는가? 경험 쪼개기도 마찬가지이다. 일할 때의 나, 동료들 사이에서의 나, 고객을 대할 때의 나, 이런 식으로 여러 상황에 맞는 다양한 경험을 뽑아낼 수 있다.

한 조직의 구성원으로서의 자아

먼저, 이 조직의 일원으로서 내게 주어진 역할을 어떻게 수행했는지 생각해 본다. 쉽게 말해, 입금 후의 자아를 떠올리면 된다. 수많은 상품들, 혹은 시즌마다 달라지는 이벤트 세부사항을 숙지하기 위해 기울인 노력, PB상품을 판매하기 위해 목표의식을 가지고 수행한 경험, 꼼꼼한 성격을 발휘해 재고나 상품 진열, 가격 표시 등을 오류 없이 수행한 경험 등 일꾼으로서의 나의 모습을 찾아보는 것이다.

고객을 대할 때의 자아

고객 접점에서 발휘된 나의 강점을 생각해 보자. 화장품에 대한 전문지식이나 어떤 제품의 차별화된 점을 쉽게 잘 설명하는 사람이 있고, 피부 고민이나 원하는 기능을 주의 깊게 경청하고 알맞게 추천하는 것을 잘하는 사람이 있다. 같은 공간에서 같은 일을 하더라도 각자가 제 강점을 발휘한 순간은 다 다르다.

"올리브영에서 고객을 대하는 과정이 다 비슷비슷하지 않나요?" 물론 그렇게 생각할 수 있다. 하지만 수천 명의 해당 기업 종사자들의 이야기를 들어온 사람으로서 생각해 보면 각자의 에피소드가 다 달랐다.

한 합격생의 경험담을 소개하자면, 그 학생은 워낙 싹싹하고 누군가를 돕는 것에 진심인 사람이었다. 한번은 귀가 불편하신 고령층 고객을 대하는 과정에서 이해를 돕는 쉬운 설명을 위해 종이에 적어가며 상세히 안내한 적이 있었다. 당시 본사 차원에서 좋은 서비스 사례로 채택되어 본사 교육 자료에 실렸다는 이야기를 들었다. 물론 특별히 인정받은 케이스이긴 하지만, 이 학생이 얼마나 고객을 성심성의껏 대하고 매사에 책임을 다하는지 극명히 알 수 있는 대목이었다.

동료 관계 속의 자아

또한 동료들과의 관계 속에서 드러난 나의 강점이 있을 수 있다. 손발을 잘 맞춰 성과를 냈거나 비교적 손님이 없고 한가한 시간대에 자진해서 맡았던 일들을 떠올려 보자. 특히 이러한 경험은 비단 내 강점을 표현할 때뿐만 아니라, 직장인으로서 필요한 자세, 팀워크에서 중요한 자질 등의 여러 가치관에 대한 답변에서도 요긴하게 쓰일 수 있다.

장소는 같을지 몰라도 그 안에서 어떻게 일하는지는 다 다르다. 같은 행동을 해도 자신만의 스타일이 담긴다면 내 강점이 된다.

"면접은 디테일이다."

타고난 성향으로 강점 찾기

내 안에서 강점을 발견하기로 했지만, 수많은 모래알 속 진주를 찾는 막막한 마음이 먼저 들 것이다. 우선 가장 쉽고 빠르게 찾을 수 있는 방법을 소개하겠다. 우리가 가장 먼저 주목해야 할 것은 '성향'이다. 성향도 강점이 될 수 있다. 엄연히 말하면, 내 성향을 알면 강점이 쉽게 보인다. 내 성향을 긍정적인 관점에서 바라보면 충분히 강점으로 살릴 수 있다.

성향은 공평하다. 스펙은 쌓기 나름이지만, 성향은 모두가 동등하게 타고난다. 부지런하다고 해서 더 많이 가지고 있고, 게으르다고 해서 덜 가지고 있는 것이 아니라 좋으나 싫으나 누구나 가지고 있는 것이 성향이다. 우리는 흔히 좋은 성격과 나쁜 성격을 구분하지만 성향은 누구나 가지고 있는 타고난 기질로, 어떤 상황 속에서 자연스럽게 선택하는 사고 또는 행동적 경향이므로, 사람마다 다를 뿐 좋고 나쁨을 판단하기는 어렵다.

잘 그려지지 않는다면, 다들 한 번쯤은 해봤을 MBTI 성격유형 검사를 떠올려보자. 유형별 특성, 자주 하는 행동들을 정리해 놓은 글을 보며 '완전 나네!' 하고 고개를 끄덕여본 적이 있을 것이다. 타고난 성격, 어떤 상황에서 자연스럽게 취하게 되는 행동, 생각과 판단의 근거 등 나에 대한 모든 정보가 집약된 것이 성향이다.

성향을 어떻게 강점으로 살릴 수 있을까?

내 성향 자체가 고스란히 강점이 된다는 말은 아니다. '제 성향은 이렇습니다'라고 말하는 것은 단순한 자기고백에 가깝다. 면접은 자신의 강점을 직무에 연결해 내가 왜 이 회사, 이 직무에 필요한 사람인지를 납득이 가도록 표현하는 자리이다. 그렇기 때문에 내 성향에 집중하여 나만의 특징을 잡아내고, 그것을 강점화하는 작업이 필요하다. 내 강점을 업무적으로 어떻게 활용할 것인지 연결하는 과정에서 진정한 나만의 강점으로 재탄생하게 된다.

성향은 누구나 가지고 있지만 아무나 그 성향을 강점으로 살릴 수 있는 것은 아니다. 성향을 살리기 위한 강점화 작업에서 반드시 필요한 것이 하나 있는데, 바로 '긍정적인 관점'이다. 자신의 이 성향을 좋게 바라보느냐, 안 좋게 바라보느냐 관점의 차이에 따라 강점이 될 수도 있고 단점이 될 수도 있다. 취업이 자신감과 연결되어 있는 이유도 바로 이 때문이다. 자신의 성향을 파악한 후 긍정적인 관점을 가지고 이를 '강점화'할 때 비로소 내 강점이 된다.

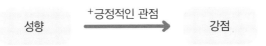

예를 들어, 예민한 성향의 사람이 있다고 할 때 평소에는 스스로의 예민함을 부정적으로 생각했을 수 있지만 이 성향을 긍정적으로 달리 바라보면 '섬세하다', '세심하다', '다른 이의 감정이나 상황을 잘 파악하고 배려한다' 등의 강점으로

표현할 수 있다. 이러한 성향을 여러 사람과의 단체생활이나 아르바이트 등에서 발휘하여 좋은 결과를 만들어낸 경험과 함께 이야기한다면 더없이 좋은 강점답변이 될 수 있다.

어떻게 보면 정말 간단한 흐름이다. 하지만 성향이 강점답변으로 발전되는 것을 방해하는 것은 내 성향을 긍정적으로 바라보는 시야를 갖지 못했거나 방법을 모르기 때문이다. 그래서 이 책에서는 그 동안 자기 고유의 성향에 집중하여 강점화한 여러 사례들을 소개할 것이다. 또한 많은 이들이 가지고 있지만 면접에서 잘 살리지 못하는 몇몇 대표적인 성향들을 선정해 강점화 과정과 예시를 담았다. 읽는 동안 자신의 성향을 바로 떠올려볼 수 있고, 필자가 '하늘 아래 같은 성향 없다'는 마음으로 정리한 '강점 단어표'를 통해 나와 가장 닮은 단어를 쉽게 찾을 수 있다. 그리고 끝까지 읽으면 비록 작은 사례라 하더라도 내 성향, 내 강점과 접목해 면접 답변을 뚝딱 만들어낼 수 있다.

성향은 발견하기 나름이다. 우리는 누구나 상황에 따라 사고나 행동을 달리한다. 혼자 있을 때와 여러 사람과 함께 할 때, 편하게 쉴 때와 일을 할 때, 여러 상황마다 드러나는 모습이 다르다. 여러 경우로 나누면 나눌수록 더 많은 나만의 키워드를 찾을 수 있다. 또한 이 책에서는 타고난 성향 외에도 후천적으로 발전된 성향, 특수한 상황에서만 발현되는 성향 등 다양한 성향을 다룰 것이다.

나만의 성향 강점으로 살리기 순서

❶ 내성적인 성향 / 외향적인 성향
❷ 감성적인 성향 / 이성적인 성향
❸ 계획적인 성향 / 변화에 적응하는 성향
❹ 새로움을 추구하는 성향 / 정확성을 추구하는 성향

내성적인 성향 ✒️

우리는 먼저 타고난 표면적인 성향 중에서 '내성적인 성향'에 집중해 볼 것이다. 우리는 흔히 외향적인 성격을 지녀야 면접에서 유리할 것이라 생각한다. 그래서 내향적인 사람들이 내 본연의 성향을 숨기고 외향적인 사람으로 보이기 위해 애를 쓰는 것을 많이 봐왔다. 하지만 내향적인 사람들이 면접에 불리할 것이란 생각은 순전히 지원자들의 착각이다. 이 세상 직장인들 중 절반 이상이 내향적인 사람들이고, 앞으로 마주할 면접관들도 알고 보면 내향인일 수 있다. 그동안 많은 내향적인 사람들이 본연의 모습 그대로 합격했다.

먼저 내성적인 성향에 대해 정확히 짚고 넘어가자. 최근 들어 내향인들을 위한 책, 그들만의 삶의 방식을 존중하는 콘텐츠들이 많아졌지만, 예전에만 해도 내성적인 성향은 '고쳐야 하는 성격'이라는 인식이 강했다. '낯을 가린다', '소심하다', '나서지 못한다' 이런 식의 부정적인 뉘앙스의 표현이 내향적인 사람들을 대표하는 이미지가 되었다.

하지만 최근 들어 내향인들 고유의 성향을 인정하고 존중하는 분위기가 형성되고 있다. 또한 엄연히 말해 내성적이라고 해서 모두 낯을 가리고 소심한 것도 아니다. 내향적인 사람들은 단지 많은 사람들을 만나고 새로운 환경을 마주하는 일에 에너지가 소모되는 사람들을 말한다. (반대로 외향적인 사람들은 많은 사람들을 만날 때 에너지가 생기고 새로운 사람들과 환경을 마주하는 것에 거리낌이 없다) '소모된다'는 것은 에너지가 많이 쓰일 뿐 불편함, 어려움을 겪는다는 의미는 아니다. 또한 이들은 다수보다는 소수와의 대화가 편하고, 소수와의 깊이 있는 관계를 선호한다. 생각하고 말을 하는 편이며, 때로는 말보다 글로써 마음을 표현하는 것이 더 수월하다. 즉, 보이는 게 다가 아닌, 처음 봤을 때보다 알면 알수록 더 매력적인 사람들이다.

내향적인 사람들이 가지고 있는 강점은 많다. 먼저 이들은 특유의 차분하고 침착한 분위기로 인해 신중하고 무게감 있어 보인다. 이러한 장점은 조직원으로서의 신뢰로 이어진다. 실제로 성격이 차분하고 침착하여 신뢰를 얻은 경험이 많다면 이를 강점으로 충분히 활용할 수 있다.

예전에 서비스직을 목표로 하는 학생을 만난 적이 있다. 그 학생은 딱 봐도 차분하고 조용한 분위기를 풍기는 사람이었다. 그런데 대화를 나누다 보니 자신의 성향이 고스란히 드러나는 것에 대한 걱정을 가지고 있었다. "서비스직은 보통 밝고 적극적인 성향의 사람들이 많이 합격하지 않나요? 저는 사실 그렇지는 않아서요." 왜 그런 생각을 했는지 자세히 물어보면 보통은 막연하게 편견을 가지고 있었거나, 혹은 주변에 아는 사람이 합격했는데 그 사람이 하필 밝은 성격의 소유자라서와 같은 지나친 일반화의 오류에 기인한 경우가 많다. 우리가 봐온 서비스직 합격생의 60% 이상이 내향적인 성격의 소유자라는 사실을 근거 삼아 설득한 끝에 이 학생 본연의 성향과 결을 그대로 살리기로 하였다.

이 학생은 강점이 많았다. 평소뿐 아니라 아르바이트를 할 때에도 차분하고 묵묵히 제 할 일을 열심히 하는 성격이었고, 특히 누군가의 말을 어떤 상황에서도 끝까지 경청하는 사람이었다. 우리는 여기에 주목했다. '차분함', '침착함'을 대표 강점 키워드로 내세워 면접 전략을 세웠다. 많은 지원자들이 모두 밝고 적극적인 성격, 넓은 대인관계, 리더십을 내세울 때 오히려 변별력 있게 강점을 어필할 수 있었고, 최고의 서비스를 제공해야 하는 5성급 호텔에 입사하여 근무를 잘하고 있다.

침착함은 특히 문제 상황이 발생했을 때 더 빛을 발한다. 어떤 돌발상황에 허둥지둥하지 않고 침착하게 대응한 경험이 있다면 살려 보자. 내향적인 고유의 느낌을 유지하면서도 적극적인 인상을 줄 수 있다.

"해외 완구 패밀리세일 아르바이트를 할 때 혼란스러웠던 매장을 체계적으로 관리해 좋은 평가를 받은 경험이 있습니다. 당시 파격적인 할인율로 인해 매장에 많은 인파가 모여 혼란스러운 상황이었습니다. 저는 직원에게 빠르게 순번대기표를 만들 것을 제안했고, 근처 PC방으로 달려가 대기표를 만들었습니다. 그 결과 3일 간의 행사가 큰 혼선 없이 마무리 되었고, 직원으로부터 좋은 평가를 받아 본사 인턴 기회도 얻었습니다."

내향인들은 다수와의 대화보다 소수와의 대화에 더 강한 경향이 있다. 이러한 성향은 단순하게 생각하면 영업직, 고객응대와 같은 다양한 사람을 만나는 직업에 적합하지 않다고 생각할 수 있지만, 사실 그런 직무도 대부분 1:1 대화를 해야 하는 상황이 많다. 또 이러한 대화는 단순한 담화가 아닌 공감 대화, 정보 전달, 설득 등 목적성을 가진 대화인 만큼 내향인들이 충분히 강점을 발휘할 수 있는 영역이다. 실제로 최고 '인싸'들만 할 수 있을 것 같다고 생각하는 영업직도 부드러운 매력과 신뢰감 있는 이미지로 합격하는 내향인들이 많다. 그 외에도 공무원, 행원 등 고객응대를 높은 비중으로 겸해야 하는 직무부터 경영지원, 영업관리 등 의사소통 역량을 발휘해야 하는 다양한 직무에 많은 이들이 본인만의 고유한 강점으로 합격해 왔다.

"제가 가장 잘할 수 있는 일은 알기 쉬운 설명과 상황에 맞는 공감으로 신뢰를 얻는 일입니다. 의류 매장에서 근무하며 이러한 강점으로 고객과 장기적인 관계를 쌓아 매출 향상에 기여했습니다. 당시 제품 대부분이 고가였기 때문에, 고객 1인당 최소 30분에서 1시간 정도 대화를 나누고 구매하셨습니다. 이때 소재, 세탁 방법, 이미 보유하고 계신 옷들과의 활용도 등을 고루 고려하여 추천해 드렸고, 세세하게 설명해 드린 덕분에 한 번 방문한 고객님들은 다시 믿고 찾아주셨습니다. 이러한 경험을 계기로 고객과 장기적인 신뢰관계를 유지하면서 전문성 있게 일할 수 있는 행원을 목표로 삼게 되었습니다."

또한 내향적인 사람들 중 서포트를 잘하는 사람들이 있다. 이들은 티는 안 나도 무언가를 찾아서 열심히 하고 있다. 자신이 해야 할 일을 조용히 나서서 하는 '은은한 적극성'을 가지고 있다. 나서는 것을 크게 좋아하지는 않기 때문에 리더

안심Touch

를 자처하지는 않지만, 팀을 위해 필요한 일들을 눈치껏 찾아서 하는 '서포터형 인재'들이 많다. 특히 말보다는 글이 편한 사람들이 많기에, 문서화 작업을 통해 적재적소에 서포트한다.

"스타트업 인턴을 할 당시 2주에 1번씩 시장분석을 토대로 주요 이슈에 대한 의견을 공유하는 회의가 진행되었습니다. 업무가 바쁘다 보니 해당 회의가 어느새 형식적으로 이루어졌습니다. 저는 조금이라도 도움이 되고자 주요 시장과 타 경쟁사를 조사, 분석하여 선배들이 보시기 편하도록 PPT로 정리하여 준비했습니다. 업무에 도움이 되었다는 선배들의 칭찬과 함께 사소한 것도 성실하게 잘한다는 평을 들었습니다."

물론 리더의 자리에서 성과를 내고 있는 내향인들도 많다. 그리고 알고 보면 아나운서, 연예인 등 방송인들 중에서도 내성적인 성향의 사람들이 많다고 한다. 이 말은 곧 내향인들도 '할 때는 한다'는 것이다. 단지 하루 중 혼자만의 시간이 필요하고, 여러 사람들과 함께하는 자리에서도 열심히 분위기 맞춰 참여하지만 어느 정도 시간이 지나면 집에 가고 싶어질 뿐이다.

자기 자신의 있는 그대로의 모습을 스스로 인정하는 것부터 강점찾기의 시작이다. 내 모습 그대로 좋은 관계, 좋은 성과를 만든 경험을 고스란히 전달해 보자. 면접은 말을 많이 해서, 유창하게 해서 붙는 자리가 아니다. 꼭 필요한 말을 하는 것이 중요하다. 말을 많이 하지는 않지만 꼭 필요한 말만 하는 외유내강의 내향인들! 자신만의 은은한 향기와 부드러운 매력으로 결국 모두와 좋은 관계를 맺어 왔듯이, 면접도 그렇게 자신의 속도대로 잘 해낼 것이다.

내성적인 성향에서 출발한 나만의 캐릭터

- 맡은 바 할 일을 묵묵히 책임감 있게 해내는 사람
- 은은한 적극성으로 내가 할 일을 찾아서 하는 사람
- 고객의 말을 주의 깊게 경청하며 차분히 해결할 수 있는 사람
- 말과 행동이 앞서지 않고 언행에 신중하여 신뢰를 주는 사람
- 1:1 대화에 능하며 장기적인 신뢰관계를 맺어갈 수 있는 사람
- 꼼꼼한 자료 조사나 정리 등 적재적소의 서포트를 잘하는 사람

 내성적인 성향과 연관된 강점 키워드

차분하다, 침착하다, 세심하다, 섬세하다, 배려심 있다, 신뢰감이 있다, 묵묵하다, 신중하다, 관찰력이 있다, 조심성이 있다, 경청을 잘한다, 팔로우십이 있다, 서포트를 잘한다, 잘 챙긴다, 꼼꼼하다, 집중력이 있다, 컴플레인 응대를 잘한다, 대화를 잘 풀어나간다, 사려 깊다, 끈기 있다, 인내심이 강하다, 예의가 바르다, 겸손하다, 수용을 잘한다

 내성적인 성향을 강점으로 살린 답변 사례

저만의 존재감으로 조직에 꼭 필요한 사람이 되겠습니다.
저는 KB국민은행 디지털 서포터즈를 할 때, '조용하지만 빠르게 움직이는 사람'이었습니다. 고객의 대기시간 최소화와 직원들의 업무처리속도 향상을 위해 보이지 않는 곳에서 발 빠르게 서포트를 했습니다. 고객의 어플 설치나 서류작성 보조와 같은 작은 일들을 적극 찾아나선 결과, '○○씨가 객장에 있을 때와 없을 때가 확연히 다르다'는 감사한 평가를 받았습니다.
앞으로 제 맡은 일뿐 아니라 조직에서 필요한 일들을 알아서 척척 해내는 존재감 있는 신입사원이 되겠습니다.

외향적인 성향 ✒

밝고, 활달하고, 적극적인 한 마디로 외향적인 사람들은 그 자체로 강점이라고 생각할 수도 있다. 하지만 그들에게도 고민은 있다. 외향적인 사람들은 면접에서 기죽지 않고 말도 잘할 것 같지만 그렇지도 않다. 평소에 밝은 것과 면접에서 나를 잘 보여주는 것은 다른 이야기이다. '나를 어떻게 표현할 것인가'에 대한 고민은 누구에게나 있고, 외향적인 사람이라고 해서 예외일 수 없다.

앞서 내향적인 성격도 자신의 결을 살려 다양한 강점으로 표현할 수 있음을 확인했다. 단순히 밝고 친화력 좋은 성격은 그 사람의 타고난 성향으로 보일 뿐, 업무상 강점으로 자동 연결되는 것은 아니다. 그렇기 때문에 자신의 외향적인 성격을 강점화하기 위해서는 먼저 나만의 고유한 결이 무엇인지를 들여다봐야 한다.

외향적인 성격도 단순하게 생각하면 다 비슷비슷해 보이지만 사실 그렇지 않다. 외향적인 사람들은 '나다운 방식으로 존재감을 드러내는 사람들'이다. 우리 주변에 있는 외향적 성격의 사람들을 떠올려 보자. 누가 봐도 딱 리더 스타일이 있고, 인간관계 좋은 마당발 스타일, 액티비티를 즐기는 활동적인 스타일 등 다양하다. 리더 스타일의 사람은 추진력, 통솔력과 같은 장점이 있고, 마당발 스타일은 친화력, 활동적인 스타일은 도전정신, 적응력 등의 장점이 있을 수 있다. 이처럼 각자 스타일은 다르지만, 조금씩 갈래를 찾아 뻗어 나가다 보면 나와 가장 잘 어울리는 단어를 찾을 수 있다.

외향인들은 대체로 친화력이 좋고 낯선 이들과의 대화를 주저하지 않는 경우가 많다. 이들은 사람들에게 스스럼없이 잘 다가가는 성격을 장점으로 살릴 수 있다. 이러한 특성은 대외활동, 아르바이트 등 다양한 현장에서 사람들 간의 분위기를 부드럽게 푸는 윤활유 역할을 한다. 또한 문제가 생겼을 때 혼자 끙끙 앓기보다는 사람들과의 대화를 통해 혹은 도움을 요청하여 풀어나가기도 한다.

"중소기업수출박람회에서 봉사활동을 하며 바이어와 기업 담당자들의 소통을 도운 경험이 있습니다. 여러 전문가들이 일정에 맞게 미팅을 하실 수 있도록 시계와 한 몸이 되어 일정관리를 했습니다. 당시 미팅 전 미리 도착하셔서 대기하시는 경우에는 초반 스몰 토크로 분위기를 풀기도 했습니다. 이로 인해 조금은 부드러운 분위기 속에서 미팅이 진행될 수 있었습니다."

"교환학생으로 미국에 갔을 때 예상했던 것보다 영어로 의사소통하는 것이 쉽지 않았습니다. 특히 다양한 억양, 현지인들의 발음을 이해하는 것이 매우 어렵게 느껴졌습니다. 이에 제가 찾은 돌파구는 '옆 사람과 세 마디 이상 대화 나누기'였습니다. 식당 종업원, 택시 기사뿐 아니라 버스 옆자리 승객에게도 대화를 먼저 시도하며 부딪혀 나갔습니다. 그 결과 이후 해외 현직 기업인과의 인터뷰를 진행할 정도로 빠른 시간 내에 영어 실력을 향상시킬 수 있었습니다."

또한 적극성과 추진력이 강점인 사람들이 있다. 이들은 사람들을 모으고 결집시키는 일을 잘하며, 문제 상황을 마주해도 능동적으로 풀어나간다. 일종의 도전 정신, 극복 마인드로 연결하여 강점화할 수 있다.

"금융 서포터즈 활동과 연계되어 금융상품을 소개하고 계약으로 이끄는 영업 업무를 경험한 적이 있습니다. 초반에는 주변 지인, 소개받은 사람들과 같이 제한된 사람들을 만날 수밖에 없었습니다. 그래서 저는 먼저 소모임에 가입해 친목을 다지며 가까워진 사람들에게 자연스럽게 컨설팅을 제안했습니다. 또한 동료들과 의기투합해 작은 세미나를 주최했고 더 다양한 사람들을 만나 많은 기회를 만들 수 있었습니다."

리더십과 좋은 동료 관계도 장점으로 살릴 수 있다. 외향인들은 여럿이 함께하는 팀 활동에서 리더 역할을 주로 담당하여 사람들을 이끌고 통솔하는 방식으로 장점이 발휘되기도 한다. 혹은 꼭 리더가 아니어도 동료들과의 좋은 관계 속에 서로 에너지를 주고받으며 끈끈한 팀워크를 만들어낸다.

안심Touch

"학창시절 영화관에서 근무할 당시, 직원들로부터 '모르는 것이 있으면 바로 물어볼 수 있는 동료'로 통했습니다. 매번 새로운 팀원들과 일하는 환경에서 제 일만 하기보다는 '다같이 잘하자'는 마인드로 좋은 동료 관계를 만들었습니다. 모르는 것이 있으면 서로 물어보고 돕는 분위기를 조성하였습니다. 또한 작은 특이 사항도 다음 동료들을 위해 세세히 공유하여 '인수인계왕'이라는 별명도 생겼습니다."

이처럼 외향적인 성향의 사람들이 자신의 존재감을 나타내는 방식은 매우 다양하다. 앞선 사례들과 같이 외향적인 성격이 업무상, 조직 대인관계상 어떻게 발휘되어 어떤 좋은 결과를 만들었는지를 생각해 보면 자연스럽게 답변이 만들어진다. 타고난 밝음은 어려움도 긍정적으로 헤쳐 나가는 마인드로, 넓은 대인관계는 동료들과 편안한 분위기 속에 좋은 팀워크를 만들 수 있는 능력으로 나타낼 수 있다.

그동안 어떤 환경에 있든 내 한 몸 불살라 좋은 분위기와 성과를 만들어온 우리들이다. 생각보다 길어진 취업 준비로 잠시 에너지가 꺾이고 주춤해진 사람들이 있다면 다시금 힘내길 바란다. 면접장에서도, 그리고 이후 일터에서도 우리의 에너지는 숨겨지지 않을 것이며 반드시 환영받을 테니까.

외향적인 성향에서 출발한 나만의 캐릭터

- 특유의 긍정 마인드로 어떤 어려움도 극복해 내는 사람
- 어떤 일도 적극적으로 찾아서 하는 능동적인 사람
- 문제를 회피하지 않고 돌파구를 찾아내는 추진력 있는 사람
- 사람들에게 적극적으로 다가가 편안한 분위기를 만드는 사람
- 팀원들을 통솔하고 독려하여 좋은 방향으로 이끄는 사람
- 어떤 동료와도 좋은 관계를 유지하여 협업의 시너지를 만드는 사람

 외향적인 성향과 연관된 강점 키워드

긍정적이다, 적극적이다, 능동적이다, 추진력이 강하다, 리더십이 있다, 통솔력이 있다, 편안한 분위기를 조성한다, 팀원들을 잘 이끈다, 독려를 잘한다, 스스럼없이 다가간다, 친화력이 있다, 열정적이다, 다재다능하다, 도전적이다, 행동력이 있다, 실행력이 있다, 주도적이다, 솔선수범한다, 회복력이 강하다, 어려움을 극복한다

 외향적인 성향을 강점으로 살린 답변 사례

저는 제가 할 수 있는 일을 찾아서 하는 행동력을 갖추고 있습니다.
멕시코 레스토랑에서 아르바이트를 할 때, 전단지 홍보를 자처하여 매출 향상에 기여했습니다. 당시 신도시이고 대부분의 상가들이 입점 전이라 유동인구가 거의 없었습니다. 저는 '손님을 기다리기보다는 찾아 나서자'고 제안했고 전단지를 가지고 거리에 나갔습니다. 전단지와 함께 가게 위치와 상호를 알리는 한마디를 꼭 덧붙이며 적극 홍보했습니다. 그 결과 저녁 타임에는 테이블이 다 찰 정도로 높은 방문율을 기록했습니다.
이처럼 앞으로 업무를 하면서 마주칠 어려움을 행동으로 극복해 내는 사원이 되겠습니다.

저는 내향과 외향, 중간 성향인데요?

내향과 외향 그 사이 어딘가에 위치한 사람들이 많다. 내향인들 사이에서는 가장 외향적이고, 외향인들 사이에서는 가장 내향적인. 누구를 만나느냐에 따라 나타나는 모습이 달라, 나조차도 내가 내향적인 건지 외향적인 건지 모르겠는 사람들이 있다.

혼자 있는 것이 좋지만 혼자만 있으면 외롭고, 집 안에 있으면 답답해서 사람 많은 카페에 앉아있곤 한다. 내향인들은 리더 역할을 극구 사양한다는데, 나는 또 그렇지만은 않다. 손들고 자처하지만 않을 뿐 해야 한다면 크게 어렵지 않게 한다. 나보다 더 내향적인 사람들이 있을 때에는 먼저 말을 걸고 대화를 이끄는 대범함도 보인다. 그래서 '나는 외향인인가?' 했더니 처음 보는 사람들과의 모임, 친구의 친구를 소개받는 자리는 영 어색하고 피곤하다. 이처럼 한번쯤은 다중이 같은 나의 모습에 혼란을 겪은 적이 있을 것이다.

필자도 같은 고민을 가진 사람으로서, '나는 누구인가'를 외치며 심층 버전의 MBTI 검사를 받은 적이 있다. 검사 결과는 내향과 외향의 중간이었다. 당시 기억에 남는 설명 문구가 있다. '평소엔 내향적이지만 아무도 나서지 않아 내가 나서야 할 것 같은 순간에 주저 없이 나서는 성향'이라는 것이다. 무릎을 탁 치게 만드는 정확한 설명을 보고 그 동안의 내 행동이 모두 이해가 되었다. 그리고 이런 애매모호한 성격인 나를 더 좋아하게 되었다.

중간의 성향을 가진 사람들은 면접에서 나를 어떤 성향에 맞춰 표현해야 할지 혼란스러울 수 있다. 먼저 둘 중에 어떤 성향 한쪽에 속하려 하기보다는 내 성향을 있는 그대로 받아들이길 바란다. 지금 중요한 것은 '내 성향 자체를 분석하는 것'이 아닌 결국 '내가 어떤 강점을 가졌는지 전달하는 것'이다. 이 중간의 성향 덕분에 드러난 강점 자체에 집중해 보자.

우리가 먼저 말을 걸고 나설 때에는 누군가를 편안하게 해주기 위한 배려일 것이다. 매번 일관성 있는 행동으로 이어지지 않는 경우는 상황에 맞게 행동을 달리하기 때문이다. 이처럼 우리는 이 성향 자체로 눈치가 빠르고 배려하는 사람들, 상황에 맞게 행동하는 유연한 사람들이다. 나를 어떠한 특정 성향으로 규정짓지 말고, 단지 나의 특성, 행동양식, 사람을 대하는 방법을 그대로 표현해 본다면 본인만의 특별한 강점이 만들어질 것이다.

 내향과 외향 중간 성향의 강점 키워드

유연하다. 상황에 맞게 행동한다. 눈치가 빠르다. 상황 판단력이 있다. 배려한다.
상대를 편하게 해준다. 내 역할을 찾아 나선다. 상대에게 잘 맞춘다. 합리적이다.
융통성이 있다. 조화롭다. 조율을 잘한다. 문제해결력이 있다. 수용적이다.
상대의 필요를 빠르게 파악한다

감성적인 성향 ✏

우리는 다양한 상황에서 감성적이라는 표현을 쓴다. SNS상의 분위기 있는 사진, 감각적인 카페, 마음을 촉촉하게 해주는 음악이나 글귀와 같이 정서를 자극하는 요소를 접했을 때, 혹은 야심한 밤이나 술을 마시는 자리에서 감정에 충실할 때에도 감성적이라는 단어를 사용하고는 한다. 감성은 기본적으로 '감정'과 깊은 관계가 있다. 즉, 감성적인 성향의 사람들은 '이성보다는 감정에 집중하는 사람들'을 의미한다. 이들은 논리, 수치를 통한 이성적 판단보다는 감정, 정서를 고려한 결정을 내리는 것을 선호한다. 본인 혹은 상대방의 감정에 관심이 많기 때문에 상대방의 기분, 감정, 필요가 자연스럽게 눈에 들어오며, 굳이 말로 설명하지 않아도 공감이 가능하다. 때때로 이러한 성향이 강하면 상대방의 감정에 쉽게 이입되어 같은 감정선을 갖게 되는 경우도 있다. 누군가 울면 따라 울거나, 휴먼 다큐, 동물농장을 보며 눈물을 잘 흘리는 이들이 이에 해당된다.

공감 능력이 좋다는 것은 큰 강점이 된다. 이는 단지, '사람 좋다', '착하다', '잘 들어준다'는 의미를 넘어 상대방과 관점을 같이 한다는 것을 의미한다. 감성적인 성향의 사람들은 한마디로, '상대방의 감정뿐 아니라 관점까지도 공유할 줄 아는 사람들'이다.

관점을 공유하는 강점은 사람 간의 관계, 커뮤니케이션에 있어 큰 힘을 발휘한다. 이들은 상대방이 무엇을 원하는지 더불어 어떤 감정 상태인지까지도 파악함으로써 이해의 폭을 넓힌다. 설령 나와 의견이 같지 않더라도 상대방이 어떤 생각을 하고 어떤 의도에서 그런 말을 하는지를 연동해서 생각할 줄 아는 능력이 있기 때문에, 일정 상황에서는 커뮤니케이션의 오류 및 지연을 최소화할 수 있다. 이러한 역량은 사람을 상대해야 하는 직군에서는 반드시 필요하며, 다양한 문제 상황을 해결하는 열쇠가 되기도 한다.

"교내 총장실 조교로 근무할 때 전화 민원을 관리했습니다. 한번은 학생회의 의사소통 방식에 불만이 있는 높은 연령대의 학생을 응대한 적이 있습니다. 긴 시간 대화하는 과정에서 학생의 표면적 요구를 넘어 속마음을 헤아리고자 했습니다. 결국 이 학생이 바라는 것은 인정과 존중이라는 것을 깨달았습니다. 끝내 학생의 마음을 풀어드릴 수 있었고 학과에도 전달하여 같은 일이 재발되지 않도록 조치했습니다."

또한 깊은 배려심은 감성적인 성향의 사람들이 가지고 있는 강점 중 하나이다. 배려심이 뛰어난 사람들은 주변인들을 챙기고 돕는 것을 좋아하고 잘한다. 특히 섬세한 성격의 소유자들은 따뜻한 말과 세심한 행동으로 상대방을 배려하고 돕는다. 이들로 인해 대화와 분위기의 온도가 한층 따뜻해진다.

"프랜차이즈 카페 아르바이트를 할 때 작고 사소한 배려를 매 순간 실천했습니다. 일을 하다 보면 종종 다치거나 뜨거운 음료에 데여 상처를 입는 경우가 많습니다. 저는 항상 주머니에 연고와 여분의 반창고를 가지고 다니며 동료들에게 챙겨 주었습니다. 또한 동료들의 업무를 시야에 두고 동료가 잊은 주문을 상기시켜 주거나 일손을 도와 원활한 서비스를 함께 만들어갔습니다."

"교복 판매를 할 당시 교복 구매 과정을 생소해 하시는 학부모님께 종류와 사이즈, 세탁법 등을 상세히 알려드렸습니다. 덕분에 '일일이 묻지 않아도 편하게 알려주는 친절한 직원'이라는 칭찬을 자주 받았습니다. 또한 학생들에게는 가장 궁금해 하는 교복 수선법이나 주변에 수선 잘하는 집을 추천해 주었고, 그 덕분에 사장님께서는 매출 향상에 도움이 되었다며 다음 해에 또 불러 주시기도 했습니다."

이처럼 상대방 입장에서 무엇을 필요로 할지 생각하고 행동하는 배려심은 고객 응대뿐만 아니라 동료 관계, 직장생활에서도 빛을 발한다. 이러한 세심한 성격과 배려심은 서비스직에 국한되어 강점으로 작용할 것이라 생각하기 쉽지만, 사무직 등 다양한 직장생활에서도 얼마든지 발휘될 수 있다. 동료, 상사의 성향을 섬세하게 파악하고, 상대방 편의를 먼저 생각하는 '업무적 배려'는 직군을 막론

하고 어디서든 강점으로 여겨진다.

"공공 데이터 인턴을 하며 포털사이트에 업로드된 데이터와 실측 자료를 비교하는 업무를 했습니다. 오류를 수정하고 이를 취합해 보고서를 작성했는데, 단순하게 나열식으로 기재하는 것은 이해하기 어렵고 재차 확인해야 하는 번거로움을 낳는다고 생각했습니다. 그래서 저는 한눈에 이해하기 쉽도록 중요 부분에 하이라이트 표시를 하고 부연설명을 간략히 덧붙였습니다. 그 결과 확인 과정이 단축되어 업무가 훨씬 수월해졌다는 피드백을 받았습니다."

감성적인 성향의 사람들은 기본적으로 사람 간의 관계와 조화를 중시한다. 이들은 팀 활동 시 흔히 발생할 수 있는 의견 충돌이나 갈등 상황에서 중재하는 역할을 담당한다. 수용 능력이 강점인 사람들은 상대방과의 이견을 무시하거나 반박하지 않고 있는 그대로 수용하고 인정하여 절충안을 낸다. 이를 통해 더 발전적인 팀워크가 가능하며 협업 결과물의 완성도 역시 높아진다.

"교환학생들과 함께한 팀 프로젝트에서 조율자의 역할을 수행했습니다. 영어로 회의를 하는 등 중국인 교환학생들을 배려했음에도 수동적인 모습을 보여 한국인 학생들 사이에서 불만이 생겨났습니다. 따로 시간을 내 깊이 있는 대화를 시도해 보니 해당 주제에 대한 이해도가 부족한 상황이었습니다. 이후 저는 교환학생들과 함께 자료조사 및 정리를 자처하여 그 과정에서 이해를 도왔고, 한국 학생들에게도 이들이 열심히 참여하고 있음을 피력하였습니다. 그 결과 소외되는 팀원 없이 고른 역할 분배와 기여도로 높은 성적을 거둘 수 있었습니다."

협업에서는 성과가 중요하다. 하지만 성과 자체만을 좇는 것이 아니라 팀원 간의 조화를 먼저 추구하는 과정에서 좋은 성과가 만들어지기도 한다. 이 조화는 자연스럽게 이루어지는 것이 아닌, 누군가의 희생과 노력의 결과일 때가 많다. 다 같이 잘하는 것을 중요하게 생각하는 사람들, 서로 다독이고 북돋우며 성과를 함께 만들어가는 사람들은 팀과 조직에 반드시 필요하다.

작고 사소한 행동으로 배려를 실천해온 우리들의 인간미는 업무 상황뿐 아니라 일상 곳곳에도 녹아들어 있기 때문에 강점을 찾는 것이 그다지 어렵지 않을 것이다. 다만 너무나 당연하고 자연스러운 행동이라 스스로 의식하지 못했기에 찾기 어려운 것일 뿐이다. 모든 일은 결국 사람을 위한, 사람을 향한 것이기에 우리의 성향은 곳곳에 요긴하게 강점으로 활용될 것이다. 지금까지 그랬던 것처럼.

감성적인 성향에서 출발한 나만의 캐릭터

- 주변인, 동료를 세심하게 잘 챙기는 배려심 깊은 사람
- 섬세한 성격으로 누군가의 감정 상태를 잘 헤아리는 사람
- 표면적 요구를 넘어 진정으로 원하는 것을 잘 캐치하는 사람
- 상대방에 대한 공감으로 문제 상황을 근본적으로 해결하는 사람
- 나와 다른 의견일지라도 적극적으로 수용하는 사람
- 팀 간의 화합을 중시하며 갈등을 조율해 나가는 사람

감성적인 성향과 연관된 강점 키워드

배려심 있다, 세심하다, 섬세하다, 공감을 잘한다, 원하는 것을 잘 파악한다,
감정을 헤아린다, 잘 챙긴다, 도움의 손길을 잘 내민다, 이해심이 있다,
상대방 입장에서 생각한다, 인정을 잘한다, 사려 깊다, 상대방을 존중한다,
조화로운 분위기를 만든다, 관찰력이 있다, 지지를 잘한다,
독려를 잘한다, 관계지향적이다, 동료애가 있다, 조율한다

감성적인 성향을 강점으로 살린 답변 사례

안녕하십니까, 세심한 태도로 세금 납부율 90%를 달성한 지원자 ○○○입니다.
회계법인 인턴 수행 시 미납된 세금 내역을 안내할 때 가장 고민했던 것은 의사전달 방
식이었습니다. 바쁜 자영업자 고객님께 금전적인 내용을 전하기 전 친밀감을 쌓으며
분위기를 풀어나갔습니다. 세금 납부 설명은 꼭 필요한 부분만 요약하여 쉽게 이해하실
수 있도록 하였습니다. 그 결과, 미납된 세금의 90%를 받을 수 있었습니다.
앞으로 ○○증권에서 세심한 태도와 응대로 고객의 마음까지 헤아리겠습니다.

이성적인 성향 ✒️

"이성적인 성향은 강점으로 살리기 어려울 것 같아요."

"왜?"

"뭐랄까… 사람이 조금 냉정해 보이지 않을까요?"

이성적인 성향의 사람들은 억울할 때가 많다. 살면서 종종 냉철하다 못해 냉정하고, 공감 능력이 부족한 사람으로 오해를 받고는 한다. 하지만 이성적이라고 해서 공감 능력이 부족한 것은 아니다. 결정적인 순간에 이성의 끈을 놓지 않았을 뿐. 감정에 좌우되지 않고 이 상황에서 가장 합리적인 판단을 내리는 것을 잘하는 것뿐이다.

이성적인 성향의 사람들은 한마디로, '**이성과 감성의 스위치를 모두 켤 수 있는 사람들**'이다. 감성적인 성향의 사람들처럼 공감을 하려면 할 수 있고, 동료와의 관계나 조화 역시 중요하다고 생각한다. 하지만 상황에 따라 더 우선이 되어야 하는 것들이 있다. 친구가 고민이 있을 때에는 공감만 하는 것보다 적절한 해결책 제시로 문제 상황을 타파하도록 돕는 것이 결국 친구를 위한 길이다. 또한 업무 시 문제가 발생했을 때에도 침착하게 원인을 파악하여 신속하게 해결하는 것이 직원의 도리이다. 이들은 동시에 여러 요소를 한번에 고려하여 가장 적절한 해결책을 제시함으로써 결정적인 역할을 할 때가 많다.

직장이라는 공간에서 이런 성향은 더 환영받을 수 있다. 한 기업의 업무는 객관적 지표, 논리적 근거에 따라 판단하고 수치화된 성과로 입증해야 할 때가 많다. 설령 창의적인 일, 사람을 상대하는 일이라 하더라도 이성적인 요소는 반드시 포함되어 있다. 그렇기 때문에 이성적인 성향의 사람들은 자신만의 고유의 결을 살린다면, 업무적 신뢰감을 높일 수 있다.

이성적인 사람들 중 감정기복이 적고 어떤 상황에서도 침착함을 유지하는 사람들이 있다. 이들은 돌발 상황에서도 당황하지 않고 이성적으로 문제를 파악하여 침착하게 해결한다. 이러한 경우 합리적인 판단력, 문제해결력, 위기대처능력을 강점으로 내세울 수 있다.

"인천공항에서 실습을 할 때 다양한 이유로 비행기가 지연되는 상황이 발생했습니다. 갑작스러운 지연으로 화가 나신 승객들이 격양된 말투로 물으실 때 최대한 침착하게 응대하고자 했습니다. 무조건적인 공감보다는 납득 가능한 설명과 해결책 제시를 함께 해드리는 것이 중요하다고 생각했습니다. 빠르게 문제 상황을 파악하여 왜 이런 상황이 발생했는지, 언제 다시 출발할 예정인지 정확한 정보를 제공해 납득하실 수 있도록 도왔습니다."

또한 이성적인 성향의 사람들은 느낌이나 감에 의존하지 않고 수치화된 자료나 정확한 근거를 바탕으로 판단을 내린다. 이러한 접근 방식은 상대방에게 신뢰를 주어야 하거나 설득을 해야 하는 상황에서 강점으로 발휘될 수 있다.

"교육 컨설팅 업체에서 신뢰를 드리는 태도로 회원 유치 목표 달성에 기여한 경험이 있습니다. 저는 단순히 등록만을 위한 추천과 상담은 오히려 역효과를 불러일으킬 것이라 판단했습니다. 등록을 위한 장점이나 가격적 혜택만을 강조하기보다, 학생의 학습 데이터를 확인시켜 드리며 신뢰와 공감을 이끌어냈습니다. 그 결과 기존 회원 200명 중 절반 이상인 160명이 재등록하는 성과를 달성했습니다."

"학생회 일원으로 활동하며 학생들의 불편사항을 해결하는 것에 집중했습니다. 단순한 대화로는 불편사항을 정확히 파악하는 것에 한계가 있음을 느끼고 매월 설문지 작성을 제안했습니다. 이를 통해 보다 실질적인 불편사항 파악이 가능했고, 학교 측에 건의할 때에도 설득력 있는 근거자료로 활용되었습니다. 그 결과 '와이파이 연결이 매끄러워졌다', '복사기 대수가 늘어 한결 편하다'와 같은 긍정적인 피드백을 들을 수 있었습니다."

수치화된 자료, 객관적 지표라고 해서 너무 거창한 것을 떠올리지 않아도 된다. 앞선 예시들처럼 아르바이트, 대외활동을 하면서도 얼마든지 이성적인 요소를 활용해 성과를 냈을 수 있다. 또한, 이들은 분석력이라는 강점을 내세울 수도 있다. 업무 성과를 분석하여 수치화하거나 객관적인 지표로 만들어 개선점을 찾는 사람들이다. 예를 들어, 같은 판매 아르바이트를 하더라도 매출이 잘 나왔을 때 누군가는 '와, 요즘 장사 잘된다'라고 단순하게 생각할 수 있지만, 누군가는 어느 요일, 어느 시간대에 특히 매출이 잘 나오는지, 어떤 상품이 가장 잘 팔리는지를 파악한다.

"제가 근무했던 카페는 산 근처에 위치해 등산객들이 자주 방문하셨습니다. 특히 비가 오는 날에 비를 피하고자 카페를 방문하는 손님들이 늘어난다는 것을 파악했습니다. 매일 전날 기상 체크를 하여 비가 오는 날에는 케이크 발주를 늘린 결과 목표 판매량의 150%를 달성할 수 있었습니다."

이성적인 사람들의 진가는 위기 상황에서 더욱 드러난다. 이들은 문제의 원인을 정확히 파악하는 것이 장점이다. 일의 본질을 들여다보거나 근본적인 해결책을 찾아내는 것을 잘한다. 특히 팀 활동을 할 때 문제 상황을 해결하거나 올바른 방향으로 팀을 이끌어 성과를 내는 역할을 담당한다.

"베이비페어에서 유모차 판매 아르바이트를 할 때 판매가 부진한 상황을 해결한 경험이 있습니다. 육아 커뮤니티를 살펴보니 결정적인 구매 요소는 제품 간의 성능 차이가 아닌 사은품이라는 것을 파악했습니다. 동료들과 함께 사은품을 전면에 배치하여 자사만의 차별화된 사은품을 부각했고, 아이가 아닌 부모 입장에서의 편리성을 강조했습니다. 문제의 원인을 정확하게 파악하고 신속하게 대응한 덕분에 하루 만에 판매 실적이 2배 이상 늘었습니다."

감성적인 사람들이 팀의 조화를 담당한다면, 이성적인 사람들은 팀의 성과를 담당한다. 때로는 감성적인 사람들 사이에서 일종의 '악역'을 담당할 때도 있었을 것이다. 하지만 그러한 역할도 아무나 할 수 있는 것은 아니다. 그 동안 팀에서, 조직에서 결정적인 역할을 해온 스스로를 인정해 줄 것. 그리고 잊지 말자. 우리는 상황에 맞는 스위치를 자유자재로 켤 수 있는 사람이라는 것을.

이성적인 성향에서 출발한 나만의 캐릭터

· 결정적인 순간에 나서서 문제를 해결하는 사람
· 침착하게 문제의 원인을 파악하고 대안을 찾는 사람
· 감정에 치우치지 않고 가장 합리적인 판단을 내리는 사람
· 탁월한 분석력으로 팀 성과 달성에 기여하는 사람
· 여러 사람의 의견을 종합하여 올바른 방향으로 이끄는 사람
· 수치나 지표 등을 활용해 신뢰감을 높이는 사람

이성적인 성향과 연관된 강점 키워드

침착하다, 신뢰감이 있다, 분석력이 있다, 객관적이다, 논리적이다, 원인을 파악한다,
원칙을 잘 따른다, 인과관계를 잘 파악한다, 정확하다, 목표지향적이다, 합리적이다,
중립적이다, 치우쳐 있지 않다, 문제해결력이 뛰어나다, 최적의 대안을 찾는다,
판단력이 뛰어나다, 리스크 관리를 잘한다, 핵심을 잘 파악한다, 구조적이다, 체계적이다

이성적인 성향을 강점으로 살린 답변 사례

저는 적극적인 문제해결력을 갖추고 있습니다.
호텔 인턴 당시, 고객 평점과 랭킹이 호텔을 선택하는 주 요인이라는 것을 깨달았습니다.
더 높은 평점을 위해 고객 평가의 불만사항을 분석해 보니, VIP고객에 대한 세심한 케어
가 부족하다는 것을 파악했습니다. 이후 고객 요청사항을 미리 숙지하여 정확히 준비해
드렸고, 더 필요하신 것이 있는지 수시로 확인하며 밀착 서비스를 했습니다. 그 결과 고
객 평점에서 만점을 받아 그해 최우수 직원상을 받을 수 있었습니다.
앞으로도 적극적인 문제해결력으로 서비스를 개선해 나가는 직원이 되겠습니다.

계획적인 성향 ✒

"매일 아침 하루 일과를 계획하고 그 계획을 실행하는 사람은, 극도로 바쁜 미로 같은 삶에서 그를 안내할 한 올의 실을 지니고 있는 것이다. 그러나 계획이 서 있지 않고 단순히 우발적으로 시간을 사용하게 된다면, 곧 무질서가 삶을 지배할 것이다."

- 빅터 위고

이 말에 적극 공감하는 사람들, 이들은 '프로계획러'다. 계획적인 성향의 사람들을 지켜보면서 느낀 것이 있다. 이들에게 계획이란, 단지 해야 할 일을 적는 행위가 아니다. 내 삶의 주도권을 잡기 위한 일종의 장치이다.

"시간은 누구에게나 공평하게 주어지잖아요. 주어진 시간 내에서 얼마만큼 역량을 발휘하느냐가 개인의 역량이라고 생각해요. 저는 평소 해야 할 일이 없는 날이나 휴일에도 아침 7시에 일어나요. 아침에 일어나자마자 하루 계획을 시간대별로 세우고, 정말 큰 일이 일어나지 않는 한은 늦게 자더라도 계획은 꼭 지키는 편이에요."

성공한 CEO의 말이 아니다. 당시 졸업 예정자였던 한 학생의 말을 듣고 절로 고개가 숙여졌다. 시간을 지배하는 자들은 생각보다 많았다. 또 다른 학생은 하루 일과를 그리면서 해당 장소에 가장 빠르게 도달할 수 있는 방법, 중간에 식사할 곳과 메뉴까지 미리 정해 놓는다고 했다. 학생 때부터 이러한 삶을 살아온 사람이라면, 분명 일도 잘할 것 같고 뭐든 확실히 할 것 같다는 생각이 들었다. 어떻게 보면 한 사람의 성향이자 일상에 불과한 이야기일지 모르지만, 이 일상이 삶을 지탱하는 단단한 뿌리가 되어 일의 영역에서도 큰 자양분이 되어줄 것이란 믿음을 주었다.

이들이 계획을 중시하는 이유는 대체로 같았지만, 계획을 세우는 방식은 저마다 다양했다. 일상적으로 그날그날의 계획을 세우는 사람들이 있다. 이들은 부지런하고, 시간을 낭비하거나 하루를 허투루 보내는 것을 좋아하지 않는다. 또한 프로젝트성으로 계획을 세우는 사람들도 있다. 어떤 과제, 업무, 혹은 여행과 같이 특정한 프로젝트가 생기면 이것을 가장 효과적으로 수행하기 위한 계획을 짜서 실행에 옮긴다. 혹은 하루에 꼭 해야 할 일만 정리하여 체크하는 이들도 있다. 이처럼 계획을 세우는 성향과 스타일이 각양각색인 만큼, 그로 인한 강점도 모두 다르다.

먼저 준비성이 철저한 것이 장점인 사람들이 있다. 어떤 일을 앞두고 꼼꼼하게 조사하고 필요한 사항을 미리 준비한다. 그런데 모든 일이 늘 계획대로만 되는 것이 아니고, 갑작스러운 변수가 생길 때도 많은데 그럴 때에는 어떻게 하냐고? 이들을 만만하게 보지 마라. 그 변수까지도 모조리 계획하는 치밀함을 갖추고 있다. 혹은 돌발상황이 닥치면 그 상황에 맞춰 또 새로운 계획을 세운다.

"철저한 준비성은 곧 상황대처능력과 직결된다고 생각합니다. 백화점 내 마켓에서 판매 아르바이트를 할 때 항상 1시간 전에 도착했습니다. 그날의 재고와 제품 이상 유무를 파악하고 제품 관련 자료를 완벽히 숙지해 해당 제품을 막힘없이 설명할 수 있을 만큼 준비해 갔습니다. 그 결과 고객님들의 재고 문의에도 지체 없이 답변했고, 생각지 못한 가방 원단 지식에 관한 질문에도 답변을 드려 고객들의 신뢰를 얻을 수 있었습니다."

계획적인 성향의 사람들 중 체계적인 업무처리가 강점인 경우가 있다. 이들은 하루 일과나 해야 할 업무의 순서를 머릿속으로 그려보고 가장 효율이 높은 순서와 동선을 계획한다. 또한 어떠한 업무든 단계를 나누고 프로세스화해 같은 시간 안에도 많은 양을 처리한다. 이러한 경우는 동시에 여러 가지 업무를 수행하는 '멀티플레이어' 역량을 강점으로 내세울 수도 있다.

"저만의 시뮬레이션 습관으로 고객사 관리를 성공적으로 수행할 수 있었습니다. 홍보회사 인턴으로 근무할 때, 동시에 4곳의 고객사를 담당했습니다. 여러 고객사의 요구사항을 동시에 소화하기 위해, 출근시간을 이용하여 업무 우선순위에 따라 하루 일과를 가상으로 진행해 보는 시뮬레이션 습관을 길렀습니다. 단 20분의 투자였지만 발생 가능한 문제들의 해결방안까지 고민하고 출근한 덕분에 속도와 효율성이 확연히 높아져 고객사 4곳 모두 계약 연장이라는 긍정적인 결과를 얻을 수 있었습니다."

계획적인 성향의 사람들 중에는 정리하는 것을 좋아하는 이들이 있다. 이들의 정리 습관은 집 정리, 책상 정리를 할 때 외에도 일을 하면서 정보의 체계적인 정리, 업무의 매뉴얼화와 같은 형태로 나타나기도 한다.

"수영장 유실물관리소에서 아르바이트를 할 당시 긴 줄을 선 고객님께 빠르게 안내하기 위해서는 체계적인 정리가 우선이라고 생각했습니다. 평소 정리 정돈과 체계적인 정리가 몸에 뱄기 때문에, 각지에 흩어진 유실물을 지정된 창고 한 곳에 모아 카테고리별로 정리하였습니다. 또한 언제든지 빠르고 정확하게 찾아낼 수 있게 위치를 설정하였고 카테고리별 위치를 한 장으로 만들어 부착해 두었습니다. 이로 인해 불필요한 서칭으로 고객 대기시간이 길어지는 상황을 방지할 수 있었습니다."

이들 모두 바쁜 미로 같은 삶에서 한 올의 실을 잘 붙잡고 자신의 몫을 해낸 사람들이다. 당시 했던 일이 작다고 주눅들 필요 없다. 면접관은 우리의 답변을 들으며 앞으로 어떤 업무 태도와 방식으로 일할 사람인지를 판단할 테니까.
계획적인 성향의 사람들은 기본적으로 스스로 통제하지 못하는 것에 대한 불안함을 느낀다. 아마도 누군가에게는 취업이라는 것이 살면서 처음으로 마주한, 통제 불가능한 과제일지도 모른다. 생각한 대로 이루어지지 않는 취업 플랜 때문에 말 못할 답답함을 느끼는 사람이 있다면, 자신의 성향을 잘 살린 답변이 면접의 변수를 대비할 좋은 무기가 되어줄 수 있음을 전하고 싶다.

계획적인 성향에서 출발한 나만의 캐릭터

- 철저한 준비성으로 업무를 완성도 있게 해내는 사람
- 앞으로 일어날 변수까지 철저히 대비하는 사람
- 체계적인 시간관리로 업무의 효율을 높이는 사람
- 여러 가지 일이 주어져도 각각의 기한에 맞게 완수하는 사람
- 팀이 공동의 목표를 이룰 수 있도록 단계별로 이끄는 사람
- 정보의 체계적인 정리로 업무 진척을 높이는 사람

계획적인 성향과 연관된 강점 키워드

준비성이 철저하다, 시간관리를 잘한다, 체계적이다, 변수에 대비한다, 부지런하다,
기한을 엄수한다, 단계별로 수행한다, 정리를 잘한다, 업무를 프로세스화한다,
꾸준하다, 성실하다, 조직적으로 처리한다, 정보수집을 잘한다, 효율적이다,
일관성이 있다, 목표를 달성한다

계획적인 성향을 강점으로 살린 답변 사례

제 장점은 어떤 일이든 체계적으로 수행한다는 점입니다.
저만의 체계적인 정리 습관으로 업무의 누수를 없앤 경험이 있습니다. 필라테스 센터 인
포데스크 근무 당시, 업무 누락이 발생하는 지점을 살펴보니 상담 일정 관리였습니다. 저
는 바쁜 상사를 위해 상담 일정을 기억할 수 있도록 '상담 스케줄표'를 만들었습니다. 상
담 일정과 회원들의 핵심 정보를 함께 기재해 전달한 결과 누락되는 일이 없었고, 시기적
절한 재등록 유도로 등록률이 높아졌습니다.
앞으로 체계적인 업무 수행으로 조직 전체의 업무 효율을 높이는 직원이 되겠습니다.

변화에 적응하는 성향 ✒

계획적인 성향의 사람들이 볼 때는, 하루하루를 계획하면서 나를 옥죄고 살 수 없다고 외치는 이런 성향의 사람들이 무질서하고 무계획적인 삶을 사는 사람으로 보일 수도 있다. 하지만 우리는 변화에 유연하게 적응하는 성향이라 하기로 했다.

계획적인 성향의 사람들이 통제하는 것에서 안정감을 느낀다면, 반대로 이들에게 통제는 곧 감옥과도 같다. 이들에게 계획은 기필코 지켜야 하는 것이 아닌, 언제든지 바뀔 수 있는 것이다. 즉흥 여행, 충동 구매, 쓰다 만 다이어리가 익숙하며, 흘러가는 대로 상황에 맞게 융통성 있게 행동하는 것을 선호한다. 계획적인 사람들은 어떤 과제를 부여받은 시점부터 바로 착수하고 미리 끝내는 것을 좋아하지만, 이들은 마감 기한이 언제인지를 확인하여 임박한 시점에 시작한다. 일을 미루는 이유는 임박해서 할 때 비로소 집중력이 높아지기 때문이다. 다소 무질서한 삶을 사는 것 같이 보일 수 있지만, 미리 하지만 않을 뿐 평균 이상의 성과를 내왔기에 이러한 '무질서의 질서'를 굳이 바꿀 생각은 없다.

세계적으로 근면성실하기로 유명한 K-직장인이 되기 위해서는 이러한 성향이 그다지 유리하지 않을 거라 생각할 수 있다. 하지만 이는 단순한 생각이다. 필자는 그동안 수많은 지원자들의 성향을 보면서 모든 성향이 강점으로 발전될 수 있음을 느꼈고, 더욱이 변화에 적응하는 성향은 매우 뛰어난 역량을 가졌다는 것을 알 수 있었다.

먼저, 적응력이 강점인 사람들이 있다. 이들은 어떠한 돌발상황에서 발휘되는 임기응변, 즉 상황대처능력이 뛰어나다. 수년간 계획과 체계와 거리가 먼 일상을 살아오면서 숱한 돌발상황을 겪어왔다. 실제로는 '무마'에 가깝지만, 면접에서는 '대처'라는 좋은 표현을 쓰기로 한다.

"유럽의 기업문화를 조사하는 교내 현지조사 프로그램에 참여한 경험이 있습니다. 현지에 도착했을 때 기업측의 사정으로 사전 협의된 10개의 인터뷰 일정이 취소되었습니다. 이에 당황하기보다는 빠르게 방법을 찾고자 했고, 직장인을 대상으로 한 길거리 인터뷰로 계획을 변경했습니다. 유동인구가 많은 출퇴근 시간에 인터뷰를 진행했고, 중간중간 질문 내용, 소요 시간 등을 피드백하며 유연하게 대처해 나갔습니다. 그 결과 총 160명의 인터뷰를 해낼 수 있었고 애초 계획보다 훨씬 현장감 있는 조사를 할 수 있었습니다."

또한 이들 중 원칙보다는 융통성을 중시하는 사람들이 있다. 원칙만을 고수하지 않고 상황에 맞게 유연하게 바꿔 나간다. 물론 조직 내 큰 규율이나 일정하게 따라야 하는 매뉴얼은 지키는 선에서 업무 성과, 고객 만족, 목표 달성이라는 대전제를 이루기 위한 작은 변화들을 시도한다.

"다문화가정 아동 교육봉사를 할 때 학생에게 맞는 교육방식으로 학습효과를 높였습니다. 당시 담당한 학생의 집중력이 부족해 수업 진행이 어려웠고, 평소 공부습관을 알아보니 단순 암기식 교육에 거부감을 가지고 있는 상태였습니다. 이에 저는 수업방식을 무조건 고수하기보다는 학생의 상황에 맞게 유연하게 바꿔 나갔습니다. 거부감을 줄이기 위해 수업시간을 잘 지킬 때 스티커를 주고 여러 개를 모으면 보상을 약속했습니다. 문제의 원리를 재미있게 설명하며 접근한 결과 점차 집중력을 높일 수 있었습니다."

그리고 효율성 있는 업무처리가 강점인 사람들이 있다. 이들은 최소한의 시간으로 최대한의 효율을 내야 하는 상황에 특화되어 있다. 대부분의 일을 임박해서 하다 보니 '순차적으로 차근차근' 하는 것보다는 '요령껏 효율적으로' 하는 것에 익숙하다. 시간과 노력, 에너지를 최소화하면서 성과를 극대화할 수 있는 방법을 빠르게 찾아낸다.

"대형 학원 조교로 근무할 때 고객의 대기 시간을 최소화하여 업무 효율을 높인 경험이 있습니다. 처음 일을 시작했을 때 개강 날 신규 등록생들의 교재 배부를 맡게 되었습니다. 강의 시작 전까지 배부를 마치기 위해 일일이 수강생 정보를 홈페이지에서 확인하는 방식이 아닌 문자 확인 방식으로 대체했고, 줄 입구에 문자 확인 방식을 알리는 문구를 부착해 학생들이 미리 준비를 할 수 있도록 유도했습니다. 옆 동료와 각자 배부하는 것이 아닌 역할을 배분해 협업하니 한층 속도가 높아졌고, 수강생들의 대기 시간이 줄어 만족도도 높아졌습니다."

이처럼 기억나지만 않을 뿐, 우리의 대외활동, 봉사활동, 아르바이트 현장에는 수많은 돌발상황이 있었다. 그리고 그 위기를 우리만의 센스와 눈치로 잘 극복해 왔다. 치밀하게 계획을 세워서 한 것은 아닐지라도, 늘 책임을 다했다. 주어진 상황을 빠르게 받아들이고 내가 해야 할 일을 찾아 행동했던 시간들이 내 안에 차곡차곡 쌓여 있다. 지금도 면접을 코앞에 두고 부랴부랴 이 책을 읽고 있다 해도, 항상 그래왔듯이 이번에도 잘 해낼 거라는 믿음으로 상황에 대처하면 된다.

변화에 적응하는 성향에서 출발한 나만의 캐릭터

- 주어진 상황에 자연스럽게 적응하는 사람
- 어떤 돌발상황에도 빠르게 판단하고 대처하는 사람
- 기존 방식만 고수하기보다는 상황에 맞게 더 나은 방법을 찾는 사람
- 유연하게 사고하고 적절한 대안을 마련하는 사람
- 최소한의 시간으로 최대한의 효율을 내는 사람
- 이전의 효과적인 방식을 현재 상황에 접목할 줄 아는 사람
- 다양한 생각의 가짓수를 가지고 방법을 찾는 사람

변화에 적응하는 성향과 연관된 강점 키워드

적응력이 뛰어나다, 위기대처능력이 있다, 상황을 빠르게 판단한다, 유연하다,
융통성이 있다, 상황에 맞게 행동한다, 대안을 찾는다, 효율적으로 처리한다,
멀티태스킹에 강하다, 도전정신이 있다, 융합을 잘한다, 변화에 빠르다,
시야가 넓다, 다양한 방법을 찾는다, 의견을 잘 수렴한다,
조언을 잘 받아들인다, 응용력이 있다, 접목을 잘한다

변화에 적응하는 성향을 강점으로 살린 답변 사례

누군가는 4시간 할 일을 2시간에 할 만큼 효율성을 추구하는 지원자입니다.
민원센터 사무보조를 할 때 기존 업무에 증명서 번역 업무를 맡게 된 적이 있습니다. 짧은 시간 내 정확한 번역을 위해 이전 참고 자료를 최대한 수집했습니다. 그 덕분에 번역을 하며 일일이 찾을 필요가 없었고, 한번 작성한 자료는 파일링하여 다음 번역 때 바로 찾아 참고할 수 있도록 했습니다. 갑작스럽게 주어진 업무를 수행하는 과정 속에서 디테일함도 놓치지 않았습니다. 국내외 여러 자료를 찾아보며 가장 정확한 톤과 단어를 선택해 완성도를 높였습니다.
앞으로 많은 양의 업무도 효율적으로 해냄과 동시에 디테일도 놓치지 않는 직원이 되겠습니다.

새로움을 추구하는 성향 🖌

"와, 어떻게 이런 생각을 했어?" 이런 말을 자주 듣거나, 이런 말을 듣는 것이 좋아 더 신박한 아이디어를 찾는 것에 열을 올리는 편이라면 새로움을 추구하는 창의적인 성향의 사람들이다. 남들과 똑같이 하는 것은 싫어하고, 어떤 일을 맡게 되면 내가 맡은 이상 뭔가 참신해야 한다는 생각을 한다. 누가 시키지 않아도 아이디어를 척척 잘 내는 이들은 팀 프로젝트나 대외활동에서 구세주 같은 역할을 해내는 경우가 많다. 회의 시간뿐만 아니라 점심 메뉴를 고를 때에도 주변의 은근한 기대와 압박에 어깨가 무거웠을지도 모른다.

정작 이들은 스스로 창의적이라는 꼬리표를 매우 부담스러워 한다. 광고업계 종사자들처럼 '찐' 창의적인 사람들, 최상급으로 창의적인 사람들 앞에서는 명함도 못 내민다는 이유에서다. 실제로 광고, 마케팅 분야에 발을 디뎠다가(혹은 디디려고 했다가) '아, 나는 그 정도는 아니구나', '여긴 내가 올 곳이 아니구나'를 깨닫고 얼른 발을 뺀 사람들도 많다.

여기서 다룰 성향의 사람들은 '찐' 창의인들보다는 살짝 부족하지만, 평범한 사람들 중에 창의적인 성향을 가진 사람들, 일명 '세미' 창의인들이다. 이들은 비록 광고나 마케팅업계에서 큰 획을 긋지는 못했지만 어디에 있어도 자신만의 몫을 해낼 것이다. 어떤 일이든 창의성이 필요한 순간은 반드시 오기 때문이다.

'창의적이다'라는 말은 뭔가 특정 순간에서만 발휘되는 인상을 준다. 하지만 이들을 지켜본 결과, 이들의 영향력은 상황의 제한을 받지 않았다. 이들은 '남과 다른 관점에서 바라볼 줄 아는 사람들', '새로운 시도를 두려워하지 않는 사람들', '한발 앞서 예측하는 사람들'이다. 이들이 어떻게 일상 속에서도 자신의 고유한 결을 살려 좋은 결과를 만들어내는지 알아보겠다.

먼저 관찰력이 좋은 사람들이 있다. 이들이 내는 아이디어의 근간은 '관찰'에 있다. 작은 것도 의미 있게 포착하고, 고객의 말 한마디도 흘려 듣지 않는 관찰력. 내가 보고 들은 것에서 단서를 얻고 자신만의 인사이트를 더해 새로운 방향성과 아이디어를 제시한다.

"대형 서점에서 양초 판매를 하며, 작은 아이디어로 부진했던 매출을 상승시킨 경험이 있습니다. 당시 매장에 방문하는 고객들을 관찰한 결과, 대부분 선물용으로 구매를 하셨습니다. 이에 착안하여 포장 서비스를 제안했고, 선물용으로 예쁘게 포장된 박스를 매장 앞쪽에 비치하여 눈길을 끌었습니다. 이러한 노력은 선물을 아직 결정하지 못한 고객님들에게도 '양초 선물도 좋겠다'라는 생각을 심어줄 수 있었고, 그 결과 매출이 이전보다 훨씬 상승했습니다."

또한 어떤 일에 한계를 두지 않고 새로운 방식을 적극적으로 시도하는 사람들이 있다. 혹은 남들이 연결점을 찾지 못했던 두 영역을 접목해 새로운 결과물을 만들어낸다. 생각지도 못한 아이디어가 좋은 결과를 이끌었을 때 큰 만족감과 성취감을 느낀다.

"아르바이트를 했던 스터디 카페 주변에 동종업체가 많아 차별화된 홍보 전략이 필요한 시점이었습니다. 당시 비대면 면접이 활성화되던 시기였고, 이러한 채용 트렌드를 홍보 방식에 접목하는 방안을 생각해 냈습니다. 화상 면접을 치를 공간이 부족한 취업준비생들의 니즈를 반영해, 화상 면접용 깔끔한 벽면과 거치대, 유선 랜선 등을 구비하였습니다. '화상 면접을 보기 좋은 깔끔한 스터디 카페'라는 문구를 내걸어 홍보한 결과, 화상 면접을 위해 찾아왔던 취준생들이 지속적으로 카페를 이용하는 효과도 동시에 얻을 수 있었습니다."

"아이디어 좀 내봐. 제발…!" 이런 말을 들으면 더 생각이 안 나는 마법, 다들 잘 알 것이다. 하지만 이들은 아이디어를 내야 하는 상황에서 머리 싸매고 꾸역꾸역 생각해 낸 것이 아니다. 일상 속에서, 일하면서 자연스럽게 떠오른 생각을 그대로 흘려보내지 않고 붙잡아 아이디어로 변환시킨 것이다. 물론 '이 중에 하나만 걸려라' 식으로 생각나는 대로 뱉어서 대박이 나는 경우도 있겠지만, 대체

안심Touch

로 자신이 속한 학생회, 아르바이트 매장의 긍정적 변화를 위해 한번 더 고민했을 가능성이 크다.

만약 자신의 아이디어로 좋은 결과를 만든 경험이 하나 떠오르긴 했는데, '정말 이때뿐이었다' 또는 운이 좋아 '얻어 걸린 것이다' 하는 사람도 있을 것이다. 이 한 번의 경험으로 창의적인 사람이라 말하기에는 양심의 가책이 느껴지는 사람들 말이다. 창의적인 면모를 강조했다가 이후 회사생활에서 감당할 수 없는 아이디어뱅크의 이미지가 덧입혀지는 것이 우려된다면, 살포시 '주인의식', '더 나은 방향을 위한 고민'이라는 강점 키워드로 대체할 것을 권유한다.

아이디어는 창의적인 사람이 아닌 고민하는 사람의 것임을 느낄 때가 많다. 우리의 답변이 좋은 반응을 얻는다면, 그것은 우리가 창의적이어서가 아니라 내가 속한 조직의 발전을 위해 여러 시도를 하는 주인의식이 강한 사람으로 느껴졌기 때문일 수도 있다. 자신의 아이디어로 좋은 결과를 만든 경험은 꼭 살리길 바란다. 그런 생각이 근육처럼 쌓이고 연습되어 앞으로 회사생활에서도 큰 도움이 될 것이라 믿는다.

새로움을 추구하는 성향에서 출발한 나만의 캐릭터

- 세심한 관찰력으로 개선점을 찾아내는 사람
- 새로운 관점으로 문제를 들여다보는 사람
- 기존의 것을 답습하지 않고 더 좋은 방식을 고민하는 사람
- 더 좋은 성과를 낼 수 있는 방법을 늘 고민하는 사람
- 수용력이 있고, 새로운 것을 시도하는 것에 주저함이 없는 사람
- 각기 다른 분야를 접목하여 새로운 것을 만들어낼 수 있는 사람
- 한발 앞서 예측하여 트렌드를 읽고 반영하는 사람

 새로움을 추구하는 성향과 연관된 강점 키워드

창의적이다, 참신하다, 아이디어가 많다, 방향성을 제시한다, 새로운 관점에서 바라본다,
한발 앞서 바라본다, 더 좋은 결과를 위해 고민한다, 관찰력이 있다, 시야가 넓다,
잘 받아들인다, 개선점을 찾는다, 변화를 빠르게 파악한다, 도전정신이 있다,
적극적으로 시도한다, 통찰력이 있다, 남들이 보지 못하는 것을 본다, 기획력이 있다

 새로움을 추구하는 성향을 강점으로 살린 답변 사례

더 좋은 성과를 내기 위해 고민을 멈추지 않는 지원자입니다.
베이커리 카페 근무 당시, '혼자만 알고 싶은'이라는 네임택 하나로 매출 향상을 이끌었
습니다. 훌륭한 맛에 비해 매출이 저조했던 빵의 홍보 방법을 고민하던 중, 손님들이 네
이밍된 빵을 더 쉽게 선택한다는 것을 발견했습니다. 저는 구매욕구를 불러일으킬 만한
'혼자만 알고 싶은'이라는 문구를 추가하여 잘 보이는 문 앞에 비치하였고, 이전에 비해
매출이 3배 이상 늘어났습니다.
좋은 성과는 작은 시도에서 나온다는 것을 잊지 않고, 고민과 행동을 지속해 나가는 일원
이 되겠습니다.

정확성을 추구하는 성향 🖋

회의할 때 아이디어 내는 시간이 가장 두려운 사람, 하지만 방향이 딱 정해지면 이를 누구보다 정확하게 실행할 수 있는 사람, 자료 조사나 정리와 제작이 잘 맞고, 누구에게 맡기기보다 자신이 직접 해야 안심이 되는 사람, 바로 정확성을 추구하는 성향의 사람들이다.

정확성을 추구하는 것은 상당한 노력이 요구된다. 이들의 능력을 단순히 오타를 잘 찾고 정확히 계산하는 것으로 한정시키면 매우 섭섭하다. 오류가 없는 일 처리도 쉬운 것은 아니지만 이들의 역량은 더 다양하게 발휘된다. 일단, 정확하게 일을 수행한다는 것은 주어진 업무, 정해진 방향성, 최종 아이디어에 대한 정확한 이해를 기본 전제로 한다. 회의를 해본 사람은 알 것이다. 다 같이 이야기해도 각자 다르게 이해하는 상황. 이들은 정확하게 수행하기 위해 회의 내용과 업무의 목적, 방향성 등을 꼼꼼하게 파악한다.

자료조사를 할 때에도 이들의 능력은 빛을 발한다. 어떤 일 하나를 하더라도 세세하게 찾아보고 정보를 수집하는 성향의 사람들이 있지 않은가. 이들은 신뢰할 만한 정보를 찾고 철저한 검증을 통해 정확도를 높인다. 이들이 조사한 내용은 대체로 더블 체크할 필요 없이 믿을 만하다.

"저는 창의성이 떨어져요. 아이디어를 내라고 하면 뭘 내야 할지 모르겠어요. 시키는 일을 하는 것이 가장 편해요. 시키면 진짜 그대로 잘할 수 있거든요." 이들은 스스로의 역량을 과소 평가하는 경향이 있다. 학창시절 팀 프로젝트를 할 때에는 왠지 아이디어를 척척 내는 사람들이 일을 모두 이끌어가는 것처럼 느껴지곤 한다. 무릎을 탁 치는 의견 하나 못 내고 팀에 도움이 안 되고 있는 것 같은 기분이 든다. 하지만 우리는 창의성이 떨어지는 사람이 아닌, 정확성을 요하는 일에 재능이 있는 사람이다. 결국 이들이 없다면 업무 진척과 완성도는 보장

할 수 없다. 직장 내에서 없으면 일이 안 되는 사람, 함께 일하고 싶은 사람들이다. 이들은 한마디로, '실행하는 사람', '무형의 아이디어를 현실로 만드는 사람', 일의 완성도를 책임지는 사람'이라고 말하고 싶다.

이런 성향의 사람들이 일하는 방식을 들어보면 특정 공통점을 발견할 때가 있다. 정확성을 추구하기 위한 각자만의 습관이나 방법을 만들면서 일한다는 것이다. 왜 아무리 정확하게 하려 해도 스스로를 못 믿을 때가 있지 않나. 이들은 일종의 장치를 통해 정확성이 높아질 수 있는 환경을 만든다. 일하면서 나만의 방법을 동원하여 정확성을 높인 경험이 있다면 적극 활용해 보자.

"저는 정보를 문서화하는 것을 선호합니다. 인턴으로 일할 때 컨퍼런스에 참석자 명단을 수기로 작성하는 과정에서 오류가 많아 추후 보고서 작성 시 어려움을 겪었습니다. 그래서 저는 컨퍼런스에 참여할 때 노트북을 들고 가 엑셀프로그램으로 바로 입력했고 이후 보고서 작성 시 오류를 없앰과 동시에 보고서 작성 소요 시간을 단축할 수 있었습니다."

"아르바이트를 할 때 성수기 시즌에 판매를 예측하기 어려워 재고 관리 및 발주에 어려움이 있었습니다. 저는 작년 매출표를 보며 현실적인 예상 판매량에 맞는 발주를 사전에 수행했고, 그 결과 성수기 기준 작년보다 높은 매출을 기록할 수 있었습니다."

아르바이트를 하면서도 수기로 입력하는 불편함과 이로 인한 오류 발생을 줄이고자 문서화, 디지털화한 경험, 누락 방지를 위해 체크리스트를 만든 경험, 여러 방식으로 더블 체크한 경험 등 정확한 업무처리 역량을 보여줄 수 있는 이야깃거리는 매우 많다.

정확성을 추구하는 이들은 아이디어와 거리가 멀 것 같지만 그렇지도 않다. 업무 정확도를 높이거나 효율성을 개선하기 위해 필요한 의견은 적극적으로 내는 경우가 있다. 꼭 세상에 둘도 없는 획기적인 이벤트를 만드는 것만이 아이디어라는 생각을 버리자. 이후 다룰 업무를 개선한 경험 질문, 창의력을 발휘한 경

안심Touch

험 질문 등에 이러한 답변이 요긴하게 사용될 것이다.

또한 디테일한 방식으로 정확성을 추구하는 사람들도 있다.

"저는 업무의 목표를 정확히 이해하고 적절한 서포트로 목표를 함께 달성해 나갑니다. 대학시절 출판사 보조업무를 할 때, 새로 출판될 교재의 단어장 제작을 담당했습니다. 저는 보는 이의 편의와 학습효과를 최대한 고려하기 위해 다양한 버전의 영영 사전을 사용했습니다. 그중에서 학생들이 가장 이해하기 쉬운 문구를 선별해 수록한 결과, 단어장의 완성도가 매우 높다는 평을 들었습니다."

이러한 성향은 사람을 대하고 의사소통을 할 때에도 고스란히 드러난다. 의사소통 과정에서 자칫하면 오류와 누락이 생길 수 있음을 인지하고, **항상 기록하고 문서로 전달한다.** 또한 아르바이트를 할 때 고객의 문의 사항에도 철저한 숙지와 확인을 통해 정확히 설명하고 추후 생길 문제나 추가 문의사항까지도 더하여 전한다.

"체계적인 업무방식으로 정보전달의 오류를 최소화합니다. 영어학원 사무보조를 할 때, 새롭게 오픈하는 곳인 만큼 '정확한 정보공유'에 집중했습니다. 당시 모든 과정과 반이 기재된 시간표는 보는 사람에게 불편함을 줄 것이라 생각했습니다. 저는 강사용, 학생용, 학부모용으로 따로 필요한 부분만 정리해 드렸습니다. 이에 원장님께서는 '하나를 부탁하면 열을 해주는 직원'이라는 평을 해주셨습니다."

이렇게 맡은 일 하나하나를 성의껏 하는 사람에게는 더 큰 일도 맡기고 싶다. 정확성을 추구하는 것은 업무에 대한 자신감으로 이어진다. 그것은 곧 구성원으로서의 신뢰로 연결된다. 그러니 자신감을 갖자. 면접을 보고 있는 면접관들은 여러분의 답변을 들으며, 여러분이 자신의 팀으로 오기를 내심 기다리고 있을 것이다.

정확성을 추구하는 성향에서 출발한 나만의 캐릭터

- 익숙함에 기대지 않고 여러 번 확인하여 오류를 최소화하는 사람
- 정보의 오차 없이 같은 내용을 공유할 수 있도록 정확한 의사전달을 습관화하는 사람
- 정확성과 신속성을 모두 놓치지 않고 기한 내 완벽하게 처리하는 사람
- 체계적인 방법을 고안하고 적용하여 업무의 완성도를 높이는 사람
- 업무의 목적을 정확히 이해하고 작은 일도 이에 맞게 완벽하게 수행하는 사람
- 업무를 정확하게 보고하고, 피드백을 정확하게 반영하는 사람

정확성을 추구하는 성향과 연관된 강점 키워드

꼼꼼하다, 철두철미하다, 완벽을 추구한다, 오류를 최소화한다, 완성도를 높인다, 정확히 전달한다, 정확히 이해한다, 여러 번 확인한다, 철저히 검증한다, 더블 체크한다, 다양한 자료 조사로 양질의 정보를 찾는다, 목적에 맞게 수행한다, 업무를 체계화한다, 문서로 기록한다, 맡은 일을 철저히 수행한다, 규범과 절차를 잘 따른다, 데이터관리에 능하다

정확성을 추구하는 성향을 강점으로 살린 답변 사례

업무의 정확성을 높일 방법을 찾는 지원자입니다.
대학교 근로장학생 근무 당시, 고착화되어 있던 봉사활동 수기 기록 업무를 전산화하여 정확성을 높인 경험이 있습니다. 학생들의 봉사 시간은 학점과 직결되는 부분임에도, 수기 기록을 옮기는 과정에서 누락 및 오류가 잦았습니다. 이에 학생들이 사이트에 직접 작성하는 전산화 시스템을 도입한 결과 학점 기입 업무에 집중할 수 있어 정확성과 효율성이 동시에 높아졌습니다.
이러한 업무 태도는 숫자 하나하나 정확하게 처리하면서도 효율성을 놓치지 않아야 하는 금융 업무에 최적화되어 있다고 생각합니다.

안심Touch

사소한 경험, 강점답변으로 써먹기

'성향'에 이어, 이제부터는 '경험'에 집중해 보기로 한다. 그 전에 다시 한번 상기해야 할 개념이 있다. 우리의 경험은 버릴 것이 하나도 없다는 것이다. 모든 경험은 의미가 있다. 그 의미는 자동으로 생기는 것이 아니라, 내가 스스로 찾는 것이다. 모든 행동에는 그 사람의 성향, 생각, 가치관이 담겨 있다. 경험의 크고작음에 주목하는 것이 아닌, 그 경험 속 나란 사람 자체에 집중하기로 한다. 해당 직무에 필요한 역량, 대인관계를 맺어가는 방식, 팀에서 주로 맡는 역할, 판단의 기준이 되는 가치관 등 작은 경험 속에 DNA처럼 담긴 나의 정보를 뽑아내 전달하는 방법을 함께 알아볼 것이다.

'그냥' 경험을 '관련' 경험으로 만드는 '면접 안경'

"주민센터에서 작은 사무보조 아르바이트를 한 것도 써도 될까요?"

"물론이지!"

"근데 거기서 한 게 진짜 별 거 없어요. 그때그때 보조하는 단순한 일이에요."

"어떤 일들을 했는데?"

"서고에 쌓인 서류를 분류해서 정리하거나, 민원인들이 많을 때는 간단한 서류 작성도 도와 주고…"

"에이, 쓸 거 많네. 이 일들을 할 때 어떤 역량이 필요했던 것 같아?"

"글쎄요. 어떤 역량이라 할 것도 없어요. 누구나 할 수 있는 일들이어서."

"얘기를 들어보니 꼼꼼하게 잘해야 했겠는데? 상황에 맞게 뭐가 필요한지 빨리 움직여야 했을 것 같고."

'이 경험은 쓸 데 없어'라고 생각한 적이 있는가. 위의 주민센터 사무보조의 사례도 본인의 기억 속에는 누구나 할 수 있는 일을 했던 시시한 경험일 수 있다. 하지만 면접 안경을 쓰고 바라본다면, '신속 정확한 업무 처리를 배운 사회경험'이다. 혹은 '다양한 연령대의 직원들과 함께 일해 본 경험'이 될 수도 있고, 누군가에게는 '공공기관에서의 근무를 희망하게 된 계기'일 수도 있다.

학창시절 책임감 없는 팀원들을 만나 고생만 죽어라 했던 대외 활동도 면접 안경을 쓰고 바라본다면 '협업의 중요성을 일깨워준 경험'이다. 집 앞이라 가까워서 시작했던 동네 카페 아르바이트도 면접에서는 '혼자서 1인 다역을 하며 주인의식을 가지고 임한 경험'이 될 수 있다.

안심Touch

이제 어떤 관점이 필요한지 확실히 이해되는가? 앞서 '타고난 성향으로 강점 찾기' 챕터에서 내 성향도 긍정적 관점에서 바라봐야 강점으로 살릴 수 있다고 했던 것과 같은 맥락이다. 지난 경험을 의미 있는 경험으로 만드는 것은 나의 몫이다.

직원이었든 아르바이트였든, 1년을 했든 1주일을 했든 상관없다. 그보다 더 중요한 것은 그 경험 속에서 보여준 나의 '행동', 즉 애쓴 나의 모습이다. 애쓰고 노력했다면 그것으로 충분하다. 경험 자체가 중요한 것이 아니라, 경험 속에 드러난 나의 강점을 드러내고 부각하는 것이 목적임을 기억하자.

내 작고 소중한 경험 심폐소생 순서

❶ 아르바이트

❷ 인턴

❸ 근로장학생/조교

❹ 전공

❺ 학생회/동아리

❻ 대외활동/공모전

❼ 봉사활동

❽ 해외연수/교환학생

아르바이트 ✎

내 안의 '일잘러'가 가장 '열일'한 순간

학교를 마치고 아르바이트 장소로 향했던 무거운 발걸음이 떠오른다면, 학비나 생활비, 여행 자금을 위해 조금 더 높은 시급을 주는 고된 현장을 찾았던 순간이 주마등처럼 스쳐 지나간다면, 당신은 열심히 산 거다.

"경력은 없고… 아르바이트밖에 한 게 없어요."
"면접에서 아르바이트한 것도 이야기해도 돼요?"
"동네 카페 아르바이트인데 괜찮나요?"

이런 류의 질문을 숱하게 들어왔다. 질문들은 다르지만 그 밑바탕에는 모두 '아르바이트는 이야깃거리가 되지 않는다'라는 전제가 깔려 있다. 아르바이트만 했던 그 시간들이 취업 앞에서 무의미하다고 느껴졌기 때문일지도 모른다.
하지만, 어느 때보다 열심히 일해 왔던 순간이 앞으로 열심히 일하겠다는 것을 입증해야 하는 면접 현장에서 활용되지 못한다면? 생각만 해도 너무 안타깝다. 그동안 아르바이트만으로 자소서, 면접을 꾸려 합격한 수많은 사람들을 봐왔다. 어떻게 보면 이 책에서 다루고 있는 '소소한 경험'의 대표주자가 바로 아르바이트이다. 이 책에 수록된 수많은 답변들도 자세히 살펴보면 많은 부분이 아르바이트 경험을 활용한 사례들이다.

아르바이트는 우리의 첫 사회생활이다. 아르바이트를 해본 사람들은 알 것이다. 일이 얼마나 바쁘고 힘든지. 물론 흔히 '꿀 **빤다**'고 표현하는 쉽고 편한 아르바이트도 있다. 하지만 대부분의 취준생들이 경험했던 프랜차이즈 카페, 패밀리레스토랑, 대형 영화관, 백화점, 웨딩홀 등은 모두 화장실 갈 시간도 없이 바쁘

안심Touch

게 일하고 업무 강도도 높다. 여러 업무를 동시에 수행하며 '손 빠르다', '너 없으면 안 돌아간다'는 이야기 좀 들어본 '일잘러'들이 있는가. 아르바이트 경험을 살려 '나는 어떤 일을 잘하는가', '나는 어떻게 일하는 사람인가'를 보여주면 된다. 앞서 다룬 '경험 쪼개기'를 기억해 보자. 아르바이트야말로 협업한 경험, 갈등을 해결한 경험, 목표를 달성한 경험 등 각양각색의 다양한 에피소드가 나올 수 있는 만능 경험이다.

'일할 때의 나'는 어떤 사람인가요?

평소 성격과 일할 때의 성격이 다른 사람이 있는가? 예를 들어, 평소에는 꼼꼼하지도 않고 집 정리도 잘 안 하지만 일할 때만큼은 철저하고 꼼꼼하게 하는 사람. MBTI로 치면, 맨 뒷자리가 'P'이지만 일할 때는 'J'가 되는 사람들 말이다. 우리는 자아분열, 다중이가 아니다. 우리는 '할 때는 제대로 하는 사람들'이다. 무언가 책임이 부여되었을 때, 나 혼자만을 위한 일이 아닌 다수를 위한 일을 할 때 역량과 에너지가 더 발휘되는 사람들, 쉽게 말해 돈 받은 만큼 그 책임을 다하는 사람들이다.

평소 성격과 일할 때의 성격이 다르다면 일할 때의 나, 즉 '입금 후의 나'를 적극 살려보자. '나 사실은 안 그런데…' 양심의 소리에 귀 기울일 것이 아니라, '난 일할 때는 이런 면이 두드러지니까!'라고 인정하고 강점으로 살리면 된다. 그 또한 나다. 그리고 추후 입사해서 일할 때에도 실제로 그 자아가 나서서 일해 줄 것이다. 면접관들이 궁금해 하는 것도 평소 '방구석의 나'가 아닌 '일할 때의 나'이다. 다시 한번 말하지만, 면접관이 나를 제대로 파악하게 도와주는 것이 면접자의 몫이다.

아르바이트를 하면서 발휘했던 일잘러로서의 강점을 살리고 싶은데 막상 뭘 살려야 할지 모르겠다면, 사장님이나 선배, 상사로부터 들은 칭찬을 떠올려본다. '윗사람이 보는 나 = 일잘러의 나'인 경우가 많다. 아르바이트를 하면서 유독 '손이 빠르다'는 말을 많이 들었다면 신속한 일 처리를 강점으로 살리고, 매출, 정산, 재고 파악 등 꼼꼼함을 요하는 일들을 은근히 나에게만 맡겼다면 꼼꼼함을 강점으로 살려보자. 만약 막연하게 '일을 참 잘한다'라든지, '우리 직원으로 들어올 생각이 없냐'는 식의 칭찬을 들었다면, 어떤 순간에 어떤 행동 때문에 그런 칭찬을 들었는지 곱씹어보면 가닥이 잡힌다. 내가 생각하는 강점보다 더 진정성 있는 강점을 찾을 수 있다.

일잘러의 순간 포착하기

아르바이트라고 다 같은 아르바이트가 아니다. 어디서 어떤 아르바이트를 했느냐에 따라 살릴 수 있는 역량은 각양각색이다. 또한 같은 곳에서 같은 일을 했더라도 그 일을 대하는 자세나 적극적으로 살린 강점은 모두 다르다.

예를 들어, 패밀리 레스토랑에서 아르바이트를 한 사람들은 단순한 고객 응대가 아닌 메뉴 추천까지 하는 경우가 많다. 특히 신 메뉴가 나온 경우에는 관련 프로모션이나 이벤트가 따르기 때문에, 이를 정확히 숙지하는 것은 물론 앞장서서 홍보하는 능동적인 업무 태도가 요구된다. 또한 고객의 연령, 성별, 상황에 맞는 적절한 추천이 센스 있게 이루어져야 한다. 이러한 경험은 단순 고객 응대가 아닌 영업적인 성격이 있는 만큼, 영업력을 필요로 하는 금융권 면접에서도 활용될 수 있다.

안심Touch

"남다른 책임감으로 레스토랑에서 영업실적을 낸 경험이 있습니다. 연말이 되면 와인 판매가 지점의 주 목표였습니다. 와인 판매는 직원의 주 업무였지만 고객을 최접점에서 만나는 사람으로서 함께 고민했습니다. 출근 전마다 매장에 있는 와인을 공부했고, 와인별로 간단한 소개 멘트를 정리했습니다. 고객님의 특성에 맞춰 적절한 와인을 추천한 결과 작년 연말 대비 20% 이상의 와인을 판매했습니다."

또한 본사 지침이 중요한 프랜차이즈가 아닌 개인 소유의 레스토랑, 카페에서 일하며 메뉴 출시나 홍보 아이디어를 제안하여 반영된 경험이 있는 사람도 있을 것이다. 평소 고객의 선호도, 취향, 불만의 목소리 등을 귀담아 들었다가 좋은 방식을 제안해 매출 향상에 도움이 된 경험이 있다면, 마케팅, 홍보 등의 직무 면접에서도 활용할 수 있을 것이다.

"아파트 단지 내 카페에서 근무할 때 새로운 메뉴 아이디어로 매출 향상에 도움을 드렸습니다. 당시 카페에서 판매했던 메뉴는 주 고객층인 젊은 아이 엄마들에게 반응이 좋지 않았습니다. 저는 지역 맘카페에 가입해 선호도를 조사했고, 다이어트에 도움이 되는 요거트나 부담 없이 곁들일 크로플을 신 메뉴로 추천했습니다. 그 결과 사이드 메뉴 매출이 크게 늘었고, 저의 아이디어가 성과로 이어지는 것을 직접 확인하며 큰 성취감을 느꼈습니다."

꼭 요식업체나 서비스직이 아니어도 좋다. 공공기관, 학원, 병원 등 다양한 곳에서 사무보조 아르바이트를 한 사람들도 많을 것이다. 특히 어학원 아르바이트의 경우 어학능력을 살려 강사로 일한 사람도 있고, 보조강사나 사무보조 일을 한 사람들도 많다. 요즘 학원은 정말 바쁘게 돌아간다. 대형 학원이나 학구열이 높은 동네에 위치한 학원의 경우 각 강의에 맞게 배부되어야 할 자료도 많고, 시간대별로 문자도 전송해야 해서 신경 쓸 일이 정말 많다. 주어진 시간 내 여러 가지 일을 수행하기 위해서는 우선순위를 판단하는 능력, 시간관리 능력 등이 요구된다. 또한 학부모를 응대하는 과정에서 길러진 의사소통 역량도 있을 것이다.

"대형 입시학원에서 사무보조를 하며 분 단위로 바쁘게 움직였습니다. 특히 각 강의 사이의 10분이 가장 분주했습니다. 그중 학부모에게 문자를 전송하는 업무는 높은 수준의 꼼꼼함을 요구했습니다. 매 시간대별로 알람을 설정하여 1분의 오차 없이 정확히 발송하고자 노력했습니다. 학원 근무 경험을 통해 분 단위로 움직이는 철저한 시간관리 역량을 기르게 되었습니다."

앞선 사례들처럼 내가 근무했던 아르바이트만이 가진 특성을 생각해 보자. "내가 여기서 아르바이트한 덕분에 이것만큼은 늘었다!"라고 말할 수 있는 것은 무엇인지 떠올려보면 힌트를 얻을 수도 있다.

연관성 1도 없는 아르바이트 경험은 어떻게 해야 할까?

"그 동안 제가 한 아르바이트가 전부 서비스직이거든요. 지원 직무가 고객 응대하는 일이 아닌데, 이 아르바이트를 살려서 답변해도 될지 걱정돼요." 이러한 고민은 어떻게 보면 당연하다. 학창시절에 하는 아르바이트가 대부분 서비스직이기 때문이다. 학창시절 용돈벌이를 위해 하는 아르바이트를 추후 지원할 직무까지 고려해 고르는 사람이 얼마나 되겠는가.

한번 생각해 보자. 우리의 아르바이트를 꼭 '서비스직' 아르바이트라고 규정할 필요가 있을까? 당시 아르바이트를 하며 했던 수많은 일들 중 하나가 고객 응대였을 뿐이다. 우리는 한 아르바이트 현장에서 여러 직무의 기본이 되는 역량을 조금씩 골고루 발휘해 왔다. 그 작은 연관성을 찾아 내 강점으로 연결하는 것이 중요하다.

예를 들어, 사무직에 지원하는 경우 서비스 아르바이트를 하면서 했던 매출 정산, 재고 파악 등 최대한 '사무적인 일'을 찾아 연결해 보자. 프랜차이즈 카페에서 오래 일할수록 폐기율, 서비스지표 수치화 작업과 같은 사무적인 일의 비중

안심Touch

이 늘어나는 경우도 많다. 결국 사무직을 수행할 때 필요한 정확하고 꼼꼼한 업무처리 역량만 잘 전달되면 되는 것 아닌가. 또한 사무직에서도 조직 내 원활한 의사소통은 중요하다. 서비스직을 수행하면서 동료, 혹은 고객과 소통했던 경험을 살려 커뮤니케이션 역량을 어필해도 좋다.

반대로 서비스직에 지원하는데 사무 아르바이트를 활용해야 하는 경우도 마찬가지다. 서비스직으로 입사한다고 해서 100% 고객 응대만 하지는 않는다. 예를 들어 호텔에서 일할 때 발 빠른 문제해결력과 정확한 예약 처리, 문의 응대 등 여러 역량이 필요하다. 사무보조를 하며 같은 역량을 발휘한 경험이 있다면 충분히 연결할 수 있다.

성실히 땀으로 채운 그 순간들, 분명 최선을 다했을 당신의 '열일'했던 순간은 직장을 다니면서 보여줄 모습의 예고편이다. 아르바이트였지만 직원처럼 일했던 모든 일잘러들이 자신 있게 본인의 아르바이트 경험을 살리길 바란다.

강점&경험 찾기 포인트

- 이곳에서 아르바이트를 한 덕분에 길러진 역량은 무엇일까?
- 당연히 해야 할 일 이상으로 내가 애쓴 부분은 무엇일까?
- 사장, 동료로부터 인정받았던 일 처리는 무엇일까?

아르바이트를 활용한 강점답변 사례 1

남다른 관점과 전략적 사고로 ○○리테일 매출 상승에 기여하겠습니다.

한번은 근무했던 레스토랑의 약점을 강점으로 승화해 매출 향상을 이끌었습니다. 당시 레스토랑이 외진 곳, 꼭대기층에 위치해 방문자가 적다는 문제점이 있었습니다. 저는 오히려 '뷰가 좋아 인생샷 건지는 곳', '소개팅하기 좋은 장소'라는 콘셉트를 내세웠습니다. 주 고객층인 여성들이 직접 SNS에 올려 홍보하게끔 유도한 결과 주말에는 웨이팅이 필요할 만큼 매출이 향상했습니다.

앞으로 ○○리테일의 영업관리직으로서, 약점과 위기마저도 긍정적으로 활용하여 점주님과 회사 발전에 기여하는 직원이 되겠습니다.

아르바이트를 활용한 강점답변 사례 2

작은 행동으로 최대 효율을 낼 수 있는 지원자입니다.

영화관에서 근무하며 기존의 불편했던 시간표 양식을 개선한 경험이 있습니다. 당시 아르바이트생들의 빈번한 실수의 원인이 관별로 표기된 시간표 양식이라는 것을 알게 되었습니다. 이에 보기 쉽게 관별이 아닌 층별로 정리하는 아이디어를 냈고, 그 결과 업무 누수가 현저히 줄어들었습니다.

이처럼 어떠한 일이 가장 효율적으로 이루어질 수 있는 방법을 고민하고, 즉각적으로 실행하는 것이 저의 장점입니다.

인턴 경험을 못 살리고 있다면

취준생들에게 '인턴'이란 어떤 의미일까? '취업 신생아'에서 '취업 어린이'로 승격할 수 있는 결정적 경험이자, 이력서 경력란을 채워 서류전형 당락을 좌우하는 핵심 요인이자, 면접에서 '이 분야에 대한 직무역량을 갖추었노라' 당당히 말할 만한 큰 경험이다. 특히 수시채용이 보편화되고 직무역량이 강조되는 채용시장에서 인턴 경험은 큰 영향력을 갖는다. 직무와 직접적으로 관련 있는 인턴, 해당 산업에서의 인턴 경험은 자신의 직무역량과 이해도를 표현할 수 있는 결정적인 경험이 된다. 그런 인턴 경험이 있는 사람들은 앞선 아르바이트 경험처럼 '일잘러로서의 순간'을 포착하여 살리면 된다.

인턴으로서 성과를 낸 경험, 좋은 평가를 받거나 인정받은 경험 등 성공 경험 위주로 먼저 찾아보자. 해당 분야 인턴을 수행하는 사람들이 하는 일은 비슷할 수 있으나, 자세히 들여다보면 자신만의 결, 행동하는 방식은 모두 다르다. 예를 들어, 은행 인턴을 수행한 사람들은 대부분 고객 안내나 간단한 사무보조 등의 일을 했을 것이다. 하지만 고객에게 안내하는 방식은 모두 달랐을 것이다. 알기 쉬운 설명으로 세심하게 알려준 사람이 있고, 직접적인 행동으로 나서서 응대한 사람이 있다. 또한 조직에 도움이 되고자 어플을 통해 처리 가능한 문의는 책임지고 해결한 사람이 있고, 체계적인 자료 정리로 빠른 업무를 도운 사람도 있다. '다들 이런 이야기를 하겠지'라는 고민을 하기보다는, 최대한 디테일하게 나만의 강점을 살려보자.

무엇보다 인턴 경험이 차별화되는 점은 입사 후 조직 생활과 가장 근접한 환경에서 업무를 수행해 봤다는 점이다. 한마디로 조직생활 역량이 검증되었다고 할 수 있다. 다양한 직급의 임직원들과 정확한 체계 아래 업무를 수행해 본 경험, 철저한 보고와 피드백 등 조직 내 커뮤니케이션을 체득한 경험은 인턴 수행자들만의 차별화된 강점이다. 조직생활 역량도 최대한 뽑아내어 답변으로 살려보는 것을 추천한다.

하지만 인턴 경험자들에게도 고민은 있다. 인턴 경험을 살려서 자기소개도 하고 지원동기도 하고, 사골처럼 우려먹으면 될 텐데, 무슨 고민이 있냐고? 인턴 경험을 잘 살리지 못하고 고민하는 부류는 크게 2가지로 나눌 수 있다. 첫째, 인턴으로서 한 일이 너무 없거나 둘째, 인턴 후 진로를 바꿔 연관성이 없다고 느껴지는 경우이다.

한 일이 별로 없어요

충분히 그럴 수 있다. 인턴 기간, 부서에 따라 중대한 일이 아닌 사소한 일, 단순 업무를 맡게 되는 경우가 많다. 하지만 우리의 관점에 따라 이 경험은 '한 것이 별로 없는 그저 그런 경험'이 될 수도 있고, '그래도 ○○만큼은 배울 수 있었던 경험'이 될 수도 있다.

먼저 내가 한 작은 일을 어떤 강점과 마인드로 해냈는지를 살펴보자. 면접관은 작은 일을 한 당신의 행동을 통해, 앞으로 우리 회사에서 일할 직원으로서의 면모를 발견할 것이다.

"KOTRA 해외무역관 인턴을 수행하며 완성도 높은 보고서로 좋은 평가를 받은 경험이 있습니다. 당시 자동차 전시회에 참석해 최신 유행과 한국기업 동향 등을 조사해 보고서를 작성하는 업무를 맡았습니다. 저에게는 생소한 분야였기 때문에 사전에 자동차 시장에 대해 조사를 철저히 해갔고, 자발적으로 기업 담당자 인터뷰를 수행하여 이해를 도왔습니다. 그 결과 '홈페이지에 보고서 그대로 게시해도 될 정도로 완성도가 높다'는 평가를 받을 수 있었습니다."

또한 인턴을 수행하면서 처음으로 '회사생활'이라는 것을 겪어보았을 것이다. 상사의 업무지시를 따르고 동료와 선후배 간의 협조 속에 공동의 목표를 수행하는 과정을 잠깐이나마 경험해 보면서 조직에 도움이 되고자 노력했던 사례가 있다면 충분히 살려볼 수 있다.

"리서치 회사에서 인턴으로 근무할 당시, 2주간 도서관으로 파견근무를 간 적이 있습니다. 당시 제가 고정적으로 수행하고 있던 엑셀 작업을 다른 직원들이 수월하게 할 수 있도록 '가이드북'을 만들었습니다. 회사의 지시로 가게 된 파견근무였지만, 저의 공백으로 인해 다른 직원들에게 피해가 가지 않도록 하기 위함이었습니다. 어려운 부분, 주의 사항을 Q&A 형식으로 만든 결과, 다른 직원들로부터 모르는 업무였지만 가이드북의 내용만 보고 바로 알 수 있었다는 피드백을 들었습니다."

지원 분야와 다른 분야의 인턴이에요

이 또한 그럴 수 있다. 인턴을 해보니 이 분야와 안 맞아서, 그동안 몰랐던 나의 새 적성을 발견해서 등 여러 이유로 새 진로를 설정한 사람들이 많다. 진로가 바뀌었다고 해서 앞서 했던 인턴 경험이 무의미해지는 것은 절대 아니다. 결국 앞으로 지원할 분야에 필요한 역량을 지난 인턴 경험에서 찾아내면 된다. 먼저 해당 분야의 유사성에 좌우되지 말고, 추후 도움이 될 만한 경험과 역량을 찾아 연결해 보자.

"한국전력공사에서 인턴을 하며 저만의 문제해결력을 인정받았습니다. 당시 고객지원 업무 및 민원응대를 하며 발견한 공통된 불만사항은 '고객센터를 통해 해결 가능한 민원인데 연락이 되지 않는다'는 것이었습니다. 반복되는 민원의 원인과 해결방법을 찾기 위해 직접 고객센터에 전화를 해본 결과, 운영시간 안내가 명확하지 않은 것이 원인임을 알게 되었습니다. 이를 바탕으로 '민원 접수 다양화를 위한 업무 개선 방안'을 발표해 지역본부에 전달했고, 인턴 종료 시 우수인턴으로 선정되었습니다."

실제로 이 답변을 한 지원자는 이전 인턴 수행 시 했던 고객응대가 아닌 오피스 근무로 지원했지만, 그 경험 속에 담긴 기본적인 문제해결역량을 강조하여 합격할 수 있었다. 사실상 직접적으로 문제를 바로 해결한 것이 아니라 인턴으로서 방안을 과제 형식으로 제출한 것이었지만, 인턴의 신분으로서 주인의식을 가지고 문제의 원인과 해결방안을 찾으려 노력했던 점 역시 높이 평가받을 수 있었다. 만약 아무리 생각해도 연결할 역량이 없다면, 능동적인 조직원으로서의 자세라도 살려보는 것이다.

"배움에 대한 열린 자세를 바탕으로 인턴을 수행한 경험이 있습니다. 컨설팅사 인턴 시, 처음 마주하는 해외테크업계에 대한 이해도를 높이기 위해 매일 회사에서 제공하는 아티클을 읽고 스스로 정리했습니다. 어떤 방식으로 작성되었는지 살펴보았고, 사수가 주는 피드백, 업계 지식을 따로 정리하며 추후 업무 시 참고했습니다. 이를 바탕으로 한 달 안에 업계 이해도를 높이고 빠른 습득력을 인정받았습니다. 앞으로 입사 후 ○○이라는 새로운 분야를 마주하게 될 것이지만, 배움에 대한 열린 자세를 바탕으로 업계 지식을 체득하며 성장하는 일원이 되겠습니다."

아무리 짧은 기간 동안 한 작은 인턴 경험이라 하더라도 그 경험을 통해 분명히 달라진 점이 있을 것이다. 결국 면접관이 관심을 가지는 것도 '어디서 인턴을 했느냐'보다는 '인턴을 하면서 어떤 역량을 발휘했는가'이다. 그 경험 속에서 애쓴 나를 보여주면 되고, 그것으로 충분하다.

전공 ✏️

4년의 시간이 만들어준 후천적 강점

"아, 저는 전공이 진짜 안 맞았고요. 전공 살려 취업할 것이 아니기 때문에 전공 얘기는 못해요."

전공을 살려 취업하는 사람은 많지 않다. 입학과 동시에 전공과 내적 이별을 한 터라 애증의 감정을 갖고 있는 사람들, '전공 무관' 채용 공고만 찾아 헤매는 사람들을 많이 봐왔다. 성적에 맞춰 간 거라서, 전공을 살릴 수 있는 길이 제한적이어서, 직업으로까지 삼고 싶지는 않아서, 하고 싶은 다른 일이 생겨서 등 전공을 살리지 않기로 한 이유는 다양하다. 입시 때 전공을 선택한 기준과 지금 내 인생의 업을 고르는 기준은 당연히 달라졌을 테니까.

전공을 살리지 않더라도 대학 4년의 시간이 무의미해지는 것은 아니다. 일단 관련 전공이어야만 면접에서 이야기할 수 있다는 생각을 버려야 한다. 누누이 강조했지만 나의 어떤 면을 알려주는 기능을 한다면 모든 경험이 의미가 있다. 특히 활동도 경력도 없어서 전공밖에 살릴 게 없는 사람들은 더더욱 전공을 요긴하게 활용해야 한다.

또한 '전공=지식'이라는 생각을 버려야 한다. 많은 취준생들이 전공을 살린 답변이라 하면 "전공에서 ○○ 수업을 들었습니다." 정도의 제한적인 틀 안에서만 생각한다. 전공 덕분에 쌓은 강점, 전공의 특성상 하게 된 활동이나 실습 등을 다양하게 생각해 보자. 실제로 아무 활동 없이 오직 전공만을 살린 면접 답변으로 합격한 케이스들도 꽤 있었다.

4년의 시간이 주는 영향은 생각보다 크다

먼저, 전공 특성상 갖게 된 후천적인 성격의 강점을 찾아보자. 전공 특유의 분위기와 학업 방식, 병행하는 활동들로 인해 길러진 성격이 있다. 혹은 전공으로 인해 가치관이 새롭게 형성되고 강화되기도 한다. 스스로를 돌아봤을 때는 특별할 것 없다고 생각할 수 있지만 수많은 전공자들을 만나온 필자로서는 전공이 주는 영향이 없지 않다는 결론을 내렸다.

이공계 전공 학생들 중 실험 과목이 많았던 학생들은 확실히 꼼꼼하다. 아니, 꼼꼼해진다. 소수점 단위의 숫자 하나로 결괏값이 달라지기에 한 번 할 때 정확하게 시행하고 여러 번 확인하는 것이 몸에 뱄다고 한다. 또한 실험이 연속적으로 이루어지는 경우가 많아 밤샘 작업은 물론 몇 주, 몇 달 간의 장기 프로젝트도 많아 '될 때까지 한다' 정신이 투철하다.

법대생들의 이야기를 들어보면 법대 공부는 벼락치기가 통하지 않았다. 워낙 두꺼운 법전을 끼고 방대한 양의 문서를 이해해야 하므로 꾸준하게 조금씩 하는 것이 중요하다고 한다. 그때부터 누군가 법학을 전공했다고 하면 알게 모르게 경외심이 들었던 것 같다.

예체능 전공 학생들의 경우 단체생활에 특화되어 있는 사람들이 많았다. 예술 전공은 뭔가 자유로운 영혼일 것 같은 이미지와 달리, 대인관계 역량도 좋았다. 조직 특유의 위계질서가 강하고 팀 단위의 단체 작업도 많았던 탓이다. 체대인들은 말할 것도 없이 눈치와 행동력이 매우 빨랐고, 내 후배로 들어오면 참 좋을 것 같다는 인상마저 주었다.

"작은 실수 하나로 결괏값이 완전히 달라지는 수학과 특성상, 사소한 것도 놓치지 않고 여러 번 확인하는 습관을 길렀습니다. 또한 체계적으로 사고하는 방식을 자연스럽게 배웠고 업무를 처리할 때에도 적용할 수 있었습니다. 덕분에 빅데이터 자료 취합 업무를 할 때 맡은 일을 기한 내 정확하게 수행할 수 있었습니다."

"일상의 꾸준함이 성취를 만든다는 일념을 가지고 있습니다. 법학 전공과목 공부는 하루 아침에 되지 않았습니다. 특히 취약 과목은 전력 과목으로 만들겠다는 목표를 세웠습니다. 매일 무슨 일이 있어도 목표한 양을 공부하고 잠에 든 하루하루가 쌓여 최상위 성적을 받을 수 있었습니다."

"체대 전공 특성상 단체활동이 많았습니다. 아침 일찍, 혹은 시험기간에도 학과 전체가 모이는 시간이 많았고, 행사에 빠지는 일은 있을 수 없는 일이었습니다. 자연스럽게 개인의 학업이나 일정보다는 단체생활을 우선으로 생각하는 조직 친화적인 마인드를 기를 수 있었습니다."

유독 교환학생과의 협업이 많은 전공도 있고 팀프로젝트나 발표, 토론 수업이 많은 전공도 있다. 미술, 의류 전공 학생들은 졸업전시라는 큰 프로젝트를 수행하며 있었던 에피소드, 지리학과 학생은 교수님들과 떠나는 전공답사를 준비하며 있었던 에피소드 등 소재를 찾고자 하면 얼마든지 찾을 수 있다. 교생실습이나 복지관, 호텔 등으로 실습을 나갔던 이들은 잠깐이나마 사회생활을 해볼 수 있는 기회였으므로 살리기 매우 좋은 소재이다.

이처럼 다양한 전공 특유의 분위기와 방식이 있다. 전공 덕분에 얻은 것이 지식보다 성격인 사람도 있을 것이다. 후천적으로 길러진 것이더라도 그 또한 내 강점이 맞다. 꼭 강점답변이 아니더라도 다양한 답변에 전공 이야기를 소재로 살려보자.

작은 역량을 만들어준 일상의 순간

성격이 아닌 '역량'이 길러진 경우도 있다. 학과 특성상 보고서 작성이 많았던 사람은 문서작업을 많이 하는 직무에 지원할 때 경험을 살릴 수 있을 것이고, 영어 원서, 영어 메일, 문서 작성을 다수 했던 경험은 일정 수준 이상의 영어 실력을 필요로 하는 직무에서 요긴하게 사용될 수 있다.

"제 전공은 너무 무난해서 아무리 찾아봐도 살릴 만한 것이 없어요"라는 사람도 있다. 특색이 강하고 관련 활동도 많은 특정 전공과 달리 특별히 살릴 소재가 없는 인문학, 어학 같은 전공도 있다. 전공을 선택함에 있어 전망, 취업보다는 지적 호기심, 학문적 소양에 집중한 이 시대의 진정한 인문학도들. 필자 또한 찐 문과이기 때문에, 이들에게 용기를 주고자 본인의 사례를 들어 설명해 보겠다.

취준생 때만 해도 뭔가 무색무취같은 전공이라 생각했고, 전공을 살린 답변은 특별할 것이 없다고 단정지었다. 방송사 취업을 준비하면서 면접에서 '왜 전공이 이것인데 방송을 하려고 하느냐, 어떤 관련이 있느냐'는 질문을 받는 것이 달갑지 않았다. 당시 짜내고 짜낸 나의 대답을 부끄럽지만 앞 부분만 공개해 보자면, "인문학은 사람에 대한 학문입니다. 저는 사람을 사랑하고 사람에 대한 공부를 끊임없이 해왔으며…"였다. 당시에는 최선이었지만, 지금 다시 생각하면 크게 와닿지 않는 인류애 넘치는 답변이었던 것 같다. 많이 늦었지만 지금 그 답변을 수정한다면 이렇게 말할 것 같다.

"저는 전공 특성상 모든 교재가 작가의 책, 원문이었습니다. 길고 깊은 내용을 이해하는 문해력을 기를 수 있었던 시간이었습니다. 또한 대부분의 과제와 시험이 긴 레포트 작성이었던 만큼 작가, 현인들의 글을 요약하여 저만의 관점으로 풀어내는 일에 익숙합니다. 방송이라는 환경에서 여러 목소리를 정확히 파악하여 정리하고, 때로는 간단히 의견을 보태야 하는 직업을 해 나가는 데 꼭 갖추어야 할 역량을 길렀다고 생각합니다. 4년간 전공을 통해 기른 통찰력을 현장에서 순발력 있게 발휘해 보고 싶습니다."

당시에는 '다른 전공도 마찬가지 아닌가?'라는 생각을 했다. '대학생이라면 다 과제하고, 레포트 쓸 텐데 지극히 일상적인 이야기가 답변할 거리가 되나?'라는 생각을 하기도 했다. 하지만 4학년 때 경제학 수업을 들으면서 느꼈다. '어? 이거 내 전공과 아주 많이 다른 걸?' 특히, 그래프를 이용한 계산으로 정답을 똑

떨어지게 내야 하는 과목에서 참담한 결과를 내면서 비로소 깨달았다. 그래도 내 주 전공이 나름 잘 맞았다는 것을. 어학 전공자들도 마찬가지다. 어학을 전공하며 했던 일상적인 일들이 누군가에게는 참신하게 들릴 수 있음을 잊지 말자.

"번역 수업을 들으며 맥락에 맞는 의미를 여러 각도에서 찾으려 했던 노력이 꼼꼼한 태도로 이어졌습니다. 그 나라의 문화, 사회적 특징까지도 고려해야 했기 때문에 항상 관련 자료를 가까이 했습니다. 단어 하나를 쓰더라도 가장 적합한 단어를 쓰기 위해 다량의 정보를 찾고 여러 번 확인했습니다."

4년이란 시간 동안 알게 모르게 나란 사람의 일부분을 만들어준 것이 전공이다. 매일의 일상이 쌓여 4년의 시간을 만드는 동안 내 안에 축적된 것이 분명히 있다. 적성에 맞지 않았다고 해서 소홀히 여기지 말고 나란 사람을 표현하는 데 알차게 써 보기를 바란다.

강점&경험 찾기 포인트

- "이 전공 덕분에 ○○해졌다"라고 할 만한 점, 혹은 경험이 있을까?
- 우리 전공만의 특별한 활동, 분위기, 학업 방식이 무엇이었을까?

전공을 활용한 강점답변 사례 1

사소한 것도 지나치지 않고 면밀히 살피는 성격입니다.

시각디자인을 전공하며 디테일까지 섬세히 살피는 눈을 갖게 되었습니다. '작고 사소한 것이 모여 일의 전부가 된다'는 믿음으로 완벽주의에 가까울 만큼 여러 번 검토하여 완성도를 높입니다. 덕분에 복수전공이었던 경제학 팀 프로젝트 과제평가에서 "PPT와 제출서류의 완성도 덕분에 내용 전달력이 높다"는 교수님의 피드백을 받았습니다.

저는 다른 이들이 잘 보지 못하는 부분까지도 세세히 파악하여 실수없이 해내는 사람입니다.

전공을 활용한 강점답변 사례 2

저는 특유의 긍정적인 마인드를 갖추고 있습니다.

문예창작 전공 특성상 50명의 학생들로부터 공개적으로 평가받는 수업이 있습니다. 부정적인 평가를 들을 때에는 피하고 싶은 마음도 들었지만 덕분에 점차 발전하는 것을 보며 어떤 의견도 적극 수용하는 자세를 갖게 되었습니다. 이후 대형 의류매장에서 일할 때 어떤 부정적인 피드백도 배움의 기회라고 생각했으며, 아침 조회 피드백 시간에 '한 번 들은 피드백은 두 번 듣지 않겠다'는 마음으로 고쳐 나갔습니다.

이처럼 어려운 업무나 피드백도 긍정적인 마음으로 받아들이고 해내는 것이 장점입니다.

학생회/동아리 🖌

단체 생활 속 나의 존재감

대학생이 되고 난 후 크게 느낀 것이 있다. 노력 없이 인간관계를 이어 나가기 쉽지 않다는 것이다. 같은 학과라고 해서 학우들과 다 아는 사이도 아니다. 1~2년이 지나면 휴학이다, 교환학생이다 해서 학우들과 멀어지기도 쉽고, 점차 '각자도생'이 시작된다.

학생회, 동아리는 '스펙쌓기'보다는 '인간관계'에 비중을 둔 사람들의 선택이라고 생각한다. 즐겁고 의미 있는 대학생활을 하기 위한 노력이다. 학과는 성인이 되고 처음으로 속한 조직이므로 학과 사람들과 친해지고 학과 행사에 참여하는 것은 너무도 당연한 일이다. 이들은 대체로 소속감을 중시하고 협업하는 일을 좋아하는 성향의 사람들이 많다.

동아리도 마찬가지다. 동아리는 그야말로, 낭만적인 대학생활의 상징이다. 요즘은 저학년 때부터 취업에 대한 관심으로 목적성이 있는 활동을 찾아 다니는 경우가 많다고 한다. 그 틈에서 내 관심 분야를 확장시키거나 새로운 분야에 도전했다는 것 자체가 벌써 나만의 이야깃거리가 될 수 있다.

나는 어떤 역할을 하는 사람일까?

여기서 리더가 아니었다는 걱정은 접어두자. 학생회장, 동아리회장이 아니었다고 해서 내 활동 자체를 부정할 필요는 없다. 우리는 리더 선발대회에 나가는 것이 아니니까. 회장, 부회장 외에도 총무, 서기, 회계, 기획국장 등 다양한 역할이 있다. 하다못해 체육부장도 봤다. 성인이 되고 처음으로 쓴 가장 큰 감투였던 만큼 책임감을 가지고 임하였을 것이다. 어떤 이들은 자신의 학업보다도 우선시했을 수 있다. 자신이 속한 공동체를 우선으로 하고, 사람들과의 협업을 중시하는 성향이라면 말이다.

학생회, 동아리는 다수와의 협업 속에서 내 역할, 내 기여도를 확인할 수 있는 좋은 소재이다. 단지 '학생회에서 총무를 맡았다' 이러한 사실 자체가 중요한 것이 아니다. 핵심은 '어떤 행동과 노력으로 조직에 도움을 주었는지'이다.

어디를 가나 총무가 가장 바쁘다. 리더가 결정한 내용, 함께 만든 아이디어를 실현하고 행사를 원활히 진행시키는 것이 총무의 몫이다. 세부적으로 계획하고 단계적으로 실행에 옮겨 행사가 무사히 진행되도록 도왔다면 충분히 강점 소재로 살릴 수 있다.

또한 회계였다면 분명 신경 쓸 일이 많았을 것이다. 편의점에서 뭐 하나를 사더라도 꼭 영수증을 챙겨야 하고(그런데 다른 팀원들은 잘 안 챙겨서 꼭 문제가 생기고), 학교에도 뭔가 제출해야 할 것이 많았을 것이다. 작은 것도 꼼꼼하게 챙기고 오류가 생기지 않도록 미리미리 정리하며 행사를 투명하게 운영하는 데 일조한 경험이 있다면 이 또한 나의 면모를 보여주는 좋은 소재이다.

"학과 학생회 회계로서 정확한 관리로 예산 누락을 찾아낸 경험이 있습니다. 예산은 민감한 부분이기에, 1년간 영수증 및 사용내역을 바로 엑셀파일로 정리하는 습관을 들였습니다. 추후 이중 확인을 할 수 있어 오류 발견이 용이했습니다. 이 덕분에 학과 축제 때 한 팀원의 영수증 분실로 100만 원가량 누락된 부분을 빠르게 발견했습니다. 종강 총회 때에는 이번 연도 집행부가 정확하게 일을 잘했다는 평을 들을 수 있었습니다."

어떠한 감투를 쓰지 않았어도 상관없다. 활동 과정에서 원활한 진행이나 성공적인 결과를 위해 조금이나마 도움이 된 역할이 있다면 얼마든지 살려도 된다. 행사 준비 과정, 혹은 진행 중 일어난 위기, 마무리 단계에서 결정적으로 기여했던 순간을 떠올려보자. 이 또한 한 팀과 조직 내에서 내가 맡은 주요한 역할이니까 말이다.

"학생회 일원으로 활동할 당시 1학기에 비해 2학기 학과 총회의 참여율이 저조하다는 문제가 있었습니다. 원인을 의사소통 방식에서 찾았고, 단체 카톡방에 일괄 공지하는 기존 방식이 아닌 개인별 연락을 통해 참여를 독려하는 방식을 제안했습니다. 이 과정에서 참여 의사가 없는 학우에게는 교수님과 진로 상담 시간이 있다는 점을 적극 어필했습니다. 의사 소통 방식의 변화 하나로 전년 대비 25% 이상 높은 참석율을 달성했습니다."

동아리의 경우 자칫하면 학업에 비해 우선순위가 밀리거나 지속성이 떨어질 수도 있다. 동아리 결성 단계에서의 공헌, 결속력을 높이기 위해 했던 노력, 마찬가지로 동아리 내 큰 행사의 진행과정에서 했던 결정적인 역할 등 다양한 각도에서 내 기여도를 찾아본다.

"학부시절 직접 영어 동아리를 개설한 경험이 있습니다. 당시 특정 어학 자격증을 목표로한 소모임은 있었지만 영어실력 향상을 위한 동아리는 없었습니다. 동기부여가 되지 않으면 지속하기 어려울 것이란 생각에, 영화 대사 외우기, 교환학생 초청 등 소소한 재밋거리를 추가했습니다. 그 결과 학우들 사이에 입소문이 나서 3, 4명으로 시작한 모임이 두세 배커졌고, 강력한 활동 의지를 가진 사람만이 참여할 수 있는 시스템도 생겨났습니다."

학생회, 동아리 모두 성인이 된 이후 처음으로 하게 된 단체생활이다. 앞으로 회사에서의 조직생활을 충실히 책임감을 가지고 수행할 사람이라면 이미 학생회, 동아리 활동을 하며 책임감 있는 태도의 씨앗을 뿌려왔을 것이다. 우리가 면접에서 경험을 이야기하는 이유는 결국 '나의 어떠한 면모를 입증하기 위함'이라는 것을 잊지 말자.

강점&경험 찾기 포인트

• 학생회, 동아리에서 나의 역할과 기여도는 무엇일까?
• 내 작은 행동으로 조직에 도움이 되었던 경험은 무엇일까?

학생회를 활용한 강점답변 사례

변수까지도 철저히 대비하는 준비성이 장점입니다.
대학생 때 집행부를 맡아 신입생 오리엔테이션을 준비한 적이 있습니다. 최적의 장소를 섭외하기 위해 여러 곳으로부터 견적을 받아 장단점을 비교해서 선택했습니다. 사전답사를 하면서 동선을 살폈고, 우천 시나 여유가 생길 때를 위한 프로그램도 마련했습니다. 그 결과 학우들로부터 '재미와 의미를 모두 챙길 수 있었던 오리엔테이션'이라는 평을 들을 수 있었습니다.
앞으로도 철저한 준비성으로 업무 완성도를 높이는 직원이 되겠습니다.

동아리를 활용한 강점답변 사례

제 역할을 능동적으로 찾아서 하는 자세를 갖추고 있습니다.
공연 동아리 활동을 할 당시, 영상과 결합한 새로운 형식의 공연을 기획한 적이 있습니다. 영상 제작 툴을 다룰 수 있는 팀원이 없는 상황에서 제가 자진해서 제작을 담당했습니다. 관련 영상을 찾아보고 관련 전공 친구에게 피드백을 구하며 노력한 결과 색다른 공연을 완성할 수 있었습니다.
팀 공동의 성과를 위해 배우고 노력할 부분을 스스로 찾아 기여하는 일원이 되겠습니다.

대외활동/공모전 ✐

우여곡절 속 내 강점

대외활동이나 공모전 경험은 인턴 경험에 버금가는 강력한 패가 될 수 있다. 취업 우등생들의 미리 부어 놓은 주택청약 같은 존재이자, 뒤늦게 하고 싶어도 할 수 없는 소중한 경험이다. 꼭 전공과 연관성이 깊지 않다 하더라도 뭔가 하나 해놓으면 취업과 면접에서 유리할 것 같은 느낌이 든다. 하지만 대외활동을 했다고 해서 끝이 아니다. 결국은 면접에서 이야깃거리가 될 수 있도록 만들어야 한다.

누군가는 부러워할 큰 경험이지만 막상 면접에서 잘 살리지 못하는 경우를 종종 봤다. 열심히 하긴 했는데 뭔가 눈에 보이는 가시적인 성과를 내지 못했거나, 공모전의 경우 별다른 수상을 하지 못한 경우다. 이런 경우 대외활동이나 공모전의 경험을 살리지도 버리지도 못하는 난감한 상황이 생긴다.

스토리의 핵심은 '결과'보다는 '과정'에 있다

지원자들 입장에서는 가시적인 성과로 입증되어야 그 과정의 이야기도 의미를 가질 것이라고 생각한다. 하지만 성과와 상관없이 과정 자체로도 이야깃거리가 된다. 사실 면접관들은 수상 자체에 큰 의미를 부여하지 않을지도 모른다. 여러분이 어떠한 활동에 도전적으로 참여하여 공동의 목표를 이루고 성과를 입증하기 위해 노력한 과정 자체를 높이 사는 것이다.

대외활동은 여러 사람이 함께 공동의 목표를 이루어 나가는 험난한 과정이다. 학생회, 동아리 경험과 마찬가지로 '여러 사람들 사이에서의 나', '협업 활동 속 내 역할'을 보여줄 수 있다. 게다가 대외활동, 공모전은 단기간에 특정 목표를 함께 이루어야 한다는 특수성이 더해진다. 이 경험을 통해서는 단순한 협업이 아닌 성과를 내야 하는 단기간의 협업, 그리고 문제상황에서 드러나는 나의 면모를 보여줄 수 있다.

대외활동, 공모전 수행 과정에서 있었던 우여곡절을 떠올려보자. 대외활동의 경우 다른 학교, 다른 전공의 사람들과 함께하는 경우가 많다. 처음 보는 사람들과 유대관계를 쌓기도 전에 일부터 해야 하는 상황이 마치 사회생활과도 닮아있다. 이러한 상황에서는 팀원 간의 갈등도 흔히 일어난다. 개인의 업무를 우선시하는 팀원과 공동의 작업을 우선시하는 팀원 사이에 갈등이 있을 수 있고, 주제 선정 과정에서 독단적으로 의견을 주장하는 사람들 때문에 불만이 발생한 경우도 있을 수 있다. 그런 경우에 나는 어떻게 대처하는 사람일까?

이성적이고 결단력 있는 사람들은 해결사 역할을 주로 한다. 회의를 소집하고 빠르게 판단하여 재조정하고 올바른 방향으로 진행되도록 적극 행동한다. 또한 평화주의자 성향인 사람들도 있다. 어떻게 해서든 겉도는 팀원들을 끝까지 챙겨 함께하고자 한다. 부족한 부분을 함께 채워가며 독려하고 팀 내 궂은 일들을 자진해서 맡기도 한다.

꼭 누군가와의 갈등이 아니어도 좋다. 대외활동을 하면서 난관에 부딪힐 때도 많다. 난관을 어떻게 받아들이고 대응했는지 생각해 보면 자신만의 성향과 강점을 발견할 수 있다. 문제가 발생했을 때 원인 파악을 잘하는 분석력 있는 성향, 혹은 또 다른 관점으로 새로운 시도를 해 돌파구를 찾는 성향, 끈기 있게 부딪혀보는 성향 등 우리는 각자의 성향을 살려 문제를 해결한다. 대외활동이나 공모전을 수행하며 위기 상황에서 어떤 대처를 했는지 돌아보자.

"사회공헌 프로그램에 참여하여 외국인에게 한국을 홍보하는 책자를 기획한 적이 있습니다. 야심차게 준비했지만 중간평가에서 생각지 못한 혹평을 듣게 되었습니다. 원인을 분석해 보니 참신함에만 집중한 나머지, 이 기획의 본질을 잃고 있었습니다. 이에 한국을 알리는 주요 콘텐츠 선정부터 알기 쉬운 설명, 이미지를 목적성에 맞게 재조정할 것을 제안했고 결국 방향성에 맞게 빠르게 완성했습니다. 이 과정에서 '올바른 기획의 시작은 본질을 잃지 않는 것'이라는 깨달음을 얻었습니다."

"서포터즈 활동 당시 코로나19로 인해 준비했던 행사를 전면 개편해야 했습니다. 2개월 간 준비해온 행사를 기획부터 다시 해야 했기에 팀원들의 사기가 떨어졌고 취소하자는 의견도 있었습니다. 하지만 온라인으로 진행하면 지금까지 해온 준비를 어느 정도 반영할 수 있다는 점을 들어 팀원들을 설득했습니다. 온라인 행사를 위한 아이디어를 내며 적극 노력한 결과 목표보다 2배 이상의 참여율을 달성했습니다. 어떤 상황에서도 대안을 찾는 자세의 중요성을 배운 시간이었습니다."

일상적으로 나타나는 나의 성향이 아닌, 특정 상황에서 나타나는 나의 성향도 주의 깊게 살펴볼 필요가 있다. 회사 생활은 문제 상황의 연속이다. 문제가 없을 수는 없기 때문에, 어떻게 해결해 나가느냐가 중요하다. 이러한 상황 속 자신의 강점을 표현하여 나란 사람에 대한 확신을 심어주자!

강점&경험 찾기 포인트

- 공동의 목표를 달성하는 과정에서 내가 했던 결정적 역할은 무엇이었을까?
- 활동 수행 중 난관, 갈등 상황에서 어떻게 대처하고 해결했을까?

대외활동을 활용한 강점답변 사례

저는 문제의 원인을 빠르게 파악해 해결점을 찾습니다.

학부시절 거리에서 은행 어플리케이션을 홍보하는 서포터즈 활동을 할 때, 생각지도 못한 많은 거절을 마주해야 했습니다. 하지만 저는 포기하지 않고 거절의 원인을 파악했고, 가입 과정에서 개인정보 동의에 거부감을 가지고 있다는 것을 알게 되었습니다. 개인정보 선택적 미동의 항목을 빠르게 안내하며 편하게 가입할 수 있도록 유도한 결과, 이전보다 2배가 넘는 가입을 이끌어 낼 수 있었습니다.

○○은행에서도 고객 응대 시 생기는 문제의 원인을 빠르게 파악하고 상황에 맞게 해결하는 행원이 되겠습니다.

공모전을 활용한 강점답변 사례

좋은 성과를 위한 다양한 시도를 하는 행동력이 있습니다.

식품 브랜드에서 주관하는 아이디어 공모전 출전 당시, 우리나라 전통 음식을 접목시킨 신제품을 기획했습니다. 새로운 아이디어였으나 시장성이 있을지 확인하고자 명동 거리에 나가 시민들을 대상으로 설문조사를 실시했습니다. 소비자들의 실질적인 의견을 들으며 절충안을 만들어 나간 결과 2등이라는 귀중한 성과를 낼 수 있었습니다.

앞으로도 아이디어가 성과로 이어질 수 있도록 여러 가지 시도를 멈추지 않는 사원이 되겠습니다.

교환학생/해외연수 🖋

낯선 상황에서 나를 마주한 순간

교환학생과 해외연수는 대학생 시절에 할 수 있는 특별한 경험이다. 6개월에서 1년여 동안 타지에서 생활했던 매 순간이 즐겁고 새로웠을 것이다. 하지만 정말 이상하게도, 이 경험을 면접에 활용하려고만 하면 마땅히 떠오르는 기억이 없다. 6개월이 넘게 살았는데 어쩜 이렇게 특별한 기억이 없는지. 그러다 보니 너도 나도 토마스, 레이첼과 했던 바비큐 파티 이야기만 한다.

'해외생활 = 외국인들과의 바비큐 파티 + K-POP 공연'으로 귀결되는 이 공식을 어떻게 하면 깰 수 있을까? 남들 다 하는 이야기가 아닌, 나만 할 수 있는 이야기를 만드는 방법은 없을까?

좋았던 기억만 찾으려 하지 말자

면접은 추억을 풀어놓는 자리가 아니다. 물론 특별히 좋았던 경험이 있다면 살려도 좋지만 대체로 외국인들과의 파티나 근처 도시로 떠난 여행 정도의 경험일 것이다. 결국 면접에서 이 경험을 통해 전달하고자 하는 것은 추억이 아닌 강점인 만큼, 내 강점이 드러날 수 있는 소재를 한정 짓지 말고 다양하게 생각해 보는 것이 필요하다.

교환학생, 어학연수는 사실상 언어 역량을 습득하기 위한 목적이 크다. 하지만 다녀와본 사람은 드라마틱한 언어 실력 향상은 없다는 것을 알 것이다. 이 경험은 어떻게 보면 '낯선 극한 상황에서 드러나는 나의 면모'를 알게 되는 기회라고 볼 수 있다.

먼저, 떠나기 전 준비 과정부터 이야깃거리가 될 수 있다. 스스로 경비를 마련하거나 언어 공부를 열심히 하는 등 준비 과정에서도 살릴 소재는 있다. 한 면접자의 컨설팅 당시 항상 현지 도착 후의 이야기만 듣다가 출발하기 전 준비 과정을 들으니 참신하게 느껴졌던 기억이 있다.

"어학연수의 경비를 스스로 마련하고 싶어 아르바이트를 시작했습니다. 이왕이면 회화 실력도 미리 쌓고자 외국인들을 많이 접할 수 있는 인사동 미술관을 선택했습니다. 미술관 이용규칙부터 체험 시 주의사항까지 영어로 안내할 수 있도록 첫날 완벽히 숙지해 갔습니다. 또한 자주 묻는 질문의 답변을 따로 정리해 응대했고, 그 과정에서 영어 실력을 빠르게 향상시킬 수 있었습니다."

두 번째로, 현지에서의 어려움을 떠올려보자. 타지에서 생활하면서 어려움이 없을 수가 없다. 큰 어려움을 겪지 않았더라도 타지 생활에 적응하기 위해 했던 노력도 좋은 소재가 된다. 도착하자마자 외국인 친구들, 새로운 문화에 순식간에 적응했다는 이야기보다는, 기대와 달리 평탄하지만은 않았던 우여곡절 적응기 속에서 그 사람의 특성을 더 쉽게 발견할 수도 있을 테니까.

"영국 교환학생 기간 동안 가장 크게 배운 것은 불필요한 자존심을 내려놓고 관계를 맺어가는 법입니다. 교환학생 기간은 평소 교우관계가 좋다고 자부해온 저에게 낯섦과 외로움의 연속이었습니다. 저는 누군가 다가오길 기다리기보다 먼저 관계를 만들어 나가기로 결심했습니다. 기숙사 옆방의 친구와 요리를 매개로 가까워졌고, 무작정 찾아간 동아리에서 친해진 프랑스 친구와는 아직도 연락하는 사이가 되었습니다. 이 경험을 통해 쑥스러움을 내려놓고 먼저 다가갈 때 새로운 문화, 환경을 가진 사람들에게도 받아들여질 수 있다는 것을 배웠습니다."

극도의 외향적인 성격이 아닌 이상 낯선 타지에서의 적응은 상당한 노력이 필요하다. 인간관계를 새롭게 쌓아 나가야 하는 상황인데 어떻게 어려움이 없겠는가. 외국인들과의 팀 프로젝트, 기숙사 생활 등 인간관계의 어려움은 곳곳에 있다. 앞서 언급했던 바비큐 파티나 K-POP 공연도 인간관계를 위한 노력이었겠지만 핵심은 어떻게 표현하느냐이다. 한 끗 차이로 현실감과 진정성을 갖춘 답변이 될 수 있다.

꼭 인간관계의 어려움이 아니어도 좋다. 거주지 선정에서 우여곡절을 겪은 사람도 있고, 워킹홀리데이를 통해 현지에서 일을 했던 사람은 그 과정에서 겪은 고충이 있을 것이다. 낯선 상황에서 새롭게 발견한 나의 모습을 포착한다면, 나만의 참신한 이야기가 만들어질 수 있다.

강점&경험 찾기 포인트

- 낯선 환경, 타지에서 적응하는 과정에서 드러난 나의 새로운 면모는 무엇이었을까?
- 교환학생/해외연수를 성공적으로 수행하기 위해 기울인 나의 노력은?

교환학생/어학연수를 살린 강점답변 사례 1

한 발 앞선 준비성이 가장 큰 강점입니다.

저는 체코로 파견되는 교내 첫 교환학생이었습니다. 현지 정보, 인적 네트워크 등 지원받을 수 있는 것이 없었기 때문에, 4개월 전부터 혼자서 준비를 시작했습니다. SNS를 통해 한국문화 동아리에 연락을 취했고 관계를 쌓으며 현지 정보를 체득했습니다. 이 과정에서 숙소부터 공항 픽업까지 다양한 도움을 받았고, 도착과 동시에 자연스럽게 적응할 수 있었습니다.

이처럼 선례가 없고 낯선 업무라 하더라도 철저한 준비로 맡은 바 제 몫을 해내는 일원이 되겠습니다.

교환학생/어학연수를 살린 강점답변 사례 2

저는 배우려는 자세를 갖춘 긍정적인 사람입니다.

한국에서 다양한 아르바이트를 해보았지만, 일본으로 워킹홀리데이를 떠나 했던 근무는 또 달랐습니다. 직원들의 일하는 방식과 마인드까지 모든 것이 달랐습니다. 저는 이러한 상황을 어려움으로 규정짓기보다는 새로운 업무방식을 배울 기회로 생각했습니다. 쉬는 시간 먼저 다가가 업무방식이나 대처방법 등을 물어보며 적응해 나갔습니다.

앞으로 ○○에서도 어려움을 회피하기보다는 배움의 기회로 삼는 긍정적인 자세로 임하겠습니다.

근로장학생/조교 ✒️

또 다른 나의 일터

대학교는 학업의 공간이지만, 누군가에게는 또 다른 일터가 되기도 한다. 근로장학생이나 조교의 경험이 있는 경우이다. 이들을 보면 학교 생활의 시간을 쪼개어 일까지 해낸 착실한 이미지가 연상된다. 정작 근로장학생이나 조교를 했던 당사자들은 그때를 대체로 '잡일을 했던 시간'으로 기억하지만 말이다. 면접관 중에 근로장학생, 조교를 하면서 대단한 프로젝트를 수행했을 것이라 기대하는 사람은 없다. 그럼에도 의미 있는 이유는 이 또한 일종의 조직생활이기 때문이다. 대학교 교직원, 혹은 교수님과 함께 하는 환경에서 일정한 역할을 수행했던 엄연한 조직생활이다. 그런 면에서 앞서 다룬 아르바이트 경험과 마찬가지로 '일잘러'의 면모를 충분히 뽑아낼 수 있다.

여기에 더해 근로장학생, 조교를 해본 사람만이 할 수 있는 특별한 이야기들을 뽑아본다. 일단, 근로장학생, 조교 업무를 하며 교수님, 교직원들의 서포터 역할을 한 사람들이 있다. 아마 '잡일'로 기억되는 일들도 대부분 서포트 업무였을 것이다.

누구나 할 수 있지만, 모두가 잘하는 것은 아니다

서포트도 능력이다. 서포트 역량이 부족한 사람과 함께 일하는 것보다 차라리 혼자 하는 것이 나을 만큼, 서포트도 아무나 하는 것이 아니다. 서포트는 단순히 시키는 일을 하는 것 이상으로 상대방의 편의를 고려해야 하며, 적재적소의 서포트로 업무 효율을 높여야 한다. 당연히 비서, 업무지원과 같은 서포트 직군을 희망하는 사람에게는 더없이 좋은 소재이다.

꼭 해당 직군이 아니더라도 괜찮다. 서포트 역량이 있다는 것은 지시사항에 대한 정확한 이해, 넓은 시야, 빠른 판단과 행동, 적절한 센스 등 많은 강점이 있다는 의미이다. 서포트 역할을 수행한 경험은 사무행정 역량과 커뮤니케이션 역량, 그리고 조직생활에 임하는 마인드 등 여러 강점으로 연결할 수 있다.

특히 일하는 과정에서 연령대가 높은 교수님, 교직원들과 의사소통을 했던 경험은 살리기 좋은 소재가 된다. 조직생활에서의 커뮤니케이션은 분명 다른 점이 있었을 것이다. 정보 전달에 있어 정확해야 하고, 의사소통의 오류나 누수가 없이 효율적으로 이루어져야 한다. 이러한 소통 역량을 보여줄 수 있는 사례가 있다면 적극 살려봐도 좋다.

"조교로 근무하며 효율적인 의사소통의 중요성을 깨달았습니다. 교수님께서 자료요청을 하실 때 초반에 구체적인 대화를 나누지 않으면 여러 번 확인해야 하는 번거로움이 있었습니다. 그래서 자료요청 시 파악해야 할 자료의 종류, 분량, 분류 방법 등을 정리해 한 번에 여쭤보며 효율적으로 처리했습니다. 또한 수강신청 기간 200건 이상의 신청서를 정리하는 과정에서 교수님의 수업에 지장이 없도록 하루 2번씩 나누어 엑셀로 보고했습니다. 그 덕분에 지금까지 가장 수월했던 수강신청 기간이었다는 말씀을 들을 수 있었습니다."

또한 학생들의 문의사항을 응대한 경험이 있다면 서비스 마인드, 커뮤니케이션 강점 소재를 뽑아낼 수 있다. 누군가에게 안내하기 위해서는 정확한 숙지가 필요하다. 전화응대의 경우, 짧은 시간 유선상으로 무엇을 원하는지 빠르게 파악하여 적절한 안내를 해야 한다. 대면 응대의 경우에도, 특히 문의가 집중되는 특정 기간에는 빠르고 정확한 안내가 생명이다. 이러한 경험은 서비스직 외에도 공공기관에서 민원응대 역량을 보여줄 수 있는 소재로 활용할 수 있다.

"외국인 학생들의 서류접수를 맡은 적이 있습니다. 주어진 기간에만 접수가 가능했기 때문에 신속하고, 정확하게 확인하는 것이 중요했습니다. 방대한 정보를 실수없이 처리하기 위해 먼저 접수 관련 지시사항을 상세히 외웠습니다. 필요한 서류와 이를 발급받을 수 있는 곳까지 미리 조사했습니다. 그리고 이를 서류로 준비해 두어 필요한 학생들에게 나눠주며 시간을 단축했습니다. 이로써 외국인 학생들이 행정업무를 직접 처리하는 데 어려움이 없도록 도왔습니다."

원래 '잡일'이 제일 바쁘다. 교수님의 강의 보조, 사무 행정, 문의사항 응대 등 여러 가지 업무를 눈코 뜰 새 없이 바쁘게 했던 사람이라면 '멀티플레이어'로서의 역량을 살릴 수도 있겠다. 많은 양의 업무를 체계적으로 수행하기 위해 기울인 나만의 방법이 있다면, 이로 인한 효과까지 더하여 세세히 살려보자.

이 중에는 기억에 남는 정도의 일이 없었던 사람도 있을 것이다. "특별히 시킬 것이 없으니 남는 시간에 개인 공부를 해도 좋다"는 말을 들었지만, 어떻게 그러냐며 할 수 있는 일을 찾아서 했던 능동적인 캐릭터라면 그런 면모도 강점이 될 수 있다. 어떤 일을 눈치껏 찾아서 했는지 생각해 본다면 또 하나의 이야깃거리가 만들어진다.

강점&경험 찾기 포인트

- 근로장학생, 조교를 할 때 나의 업무 태도, 나만의 요령은 무엇이었을까?
- 교수님, 교직원들과의 의사소통 과정에서 익힌 역량은 어떤 것이 있을까?

근로장학생/조교 경험을 활용한 강점답변 사례 1

저를 '일을 맡겼을 때 안심이 되는 사람'이라고 소개하고 싶습니다.

저는 한곳에서 5년간 아르바이트를 해올 정도로, 꾸준하고 한결 같은 성격입니다. 또한 저에게 맡겨진 일은 작은 일도 소중하게 여기며 책임을 다합니다. 모교 박물관에서 근로 장학생으로 일할 때, 처음 맡겨진 일들은 매우 작은 일들이었습니다. 하지만 자료를 찾는 업무 하나를 맡아도 추가로 필요할 자료 2안, 3안까지 찾아가는 모습에 근로장학생에게 절대 맡기지 않는 박물관 수장고 열쇠를 담당하게 해주셨습니다.

앞으로 어떤 일도 안심하고 맡기실 수 있도록 책임감 있는 모습을 보여드리겠습니다.

근로장학생/조교 경험을 활용한 강점답변 사례 2

의무가 아닌 진심으로 서포트할 수 있는 사람입니다.

처장실 근로장학생으로 일할 당시, '교내 모든 내선번호를 외우는 암기왕'으로 불렸습니다. 교직원들의 성함과 직급까지 모두 기억해 전화를 받았고 편하게 요청하실 수 있도록 분위기를 조성했습니다. 또한 교직원별로 자주 요청하시는 사항을 기록해 두었다가 간단한 몇 마디만 듣고도 빠르게 처리해 드렸습니다. 상대방을 향한 관심과 집중이 서포트로 이어질 때 저도 상대방도 모두 만족스럽게 일할 수 있다는 것을 느꼈습니다.

주어진 일만을 하기보다는 주어질 일을 찾아서 하는 서포터가 되겠습니다.

봉사활동 🖌

돈 안 받아도 이 정도

"봉사활동을 하긴 했는데요, 이게 진짜 짧게 한 거거든요. 한두 번 간 건데 괜찮을까요?" 봉사활동을 한 것 자체가 의미가 있다. 물론 수년 간 이어왔다면 그 자체로 큰 이야깃거리가 되고 좋겠지만, 그렇지 않다고 해서 부끄러워하지 말자. 면접은 홍익인간을 뽑는 자리가 아니니 말이다. 면접관들도 자발적으로 봉사활동을 간다는 것 자체가 쉽지 않다는 것을 잘 안다. 짧게 했든 잠깐 했든, 자발적으로 했든 시간을 채우기 위해 했든, 그것보다 더 중요한 것은 '그 안에서 어떻게 행동했고 무엇을 느꼈는지'이다.

봉사활동은 진정성 있는 내 본 모습

기본적으로 봉사활동은 좋은 평가를 받거나 상을 받기 위해 하는 일이 아니다. 어떠한 목적성을 가지고 하는 것이 아니라 그야말로 우러나서 하는 일이기 때문에 오히려 진정한 내 본 모습을 확인할 수 있는 시간이다.

취업 컨설팅을 하면서 이 세상에 정말 다양한 봉사활동이 존재한다는 것을 알았다. 밥퍼 봉사, 독거노인 봉사, 다문화가정 아이들이나 취약계층 청소년 교육봉사와 같이 따뜻한 사랑을 실천하는 봉사부터 공공기관 민원 안내, 점자도서 제작, 번역 등 사무행정적인 봉사까지 다양했다. 각자가 선택하는 봉사의 종류와 시작하는 계기, 취지에도 그 사람의 성향이 담겨 있었다. 애초에 어떤 취지로 시작했는지, 어떤 마음으로 봉사를 이어 왔는지를 곱씹어보면 나의 인생관, 가치관과 같은 질문에 활용할 만한 생각을 정리할 수 있다.

"한번 시작한 일은 꾸준히 이어 나가는 성격입니다. 대학생이 된 이후 200여 시간 동안 보육원, 복지관 등 다양한 현장에서 봉사활동을 해왔습니다. 다른 친구들이 수업이 끝나고 놀러갈 때 저는 보육원으로 곧장 가 봉사를 하고 집에 갔습니다. 그 시간이 힘들기보다는 기쁘고 보람되게 느껴졌고, 누군가에게 도움이 되고 있다는 성취감 덕분에 꾸준히 이어올 수 있었습니다."

"고등학생 시절 장애인, 비장애인 통합교육학교에 다니며 배려와 존중의 가치를 새겼습니다. 대학에 입학해서도 지역공동체에 공헌할 수 있는 방법을 고민했고, 이를 가장 쉽게 실천할 수 있는 것이 봉사였습니다. 지금도 매주 주말마다 장애인들과 함께하는 체험학습 프로그램에 참여하고 있습니다. 단지 도움을 준다는 생각보다는 저의 가치를 실현하고 공익을 추구하는 자세를 체득한다는 마음이 원동력이 되어 주었습니다."

"학창시절 외국인 학생들을 위한 멘토링 활동을 열심히 했습니다. 중국에 교환학생으로 갔을 때 본교 학생들로부터 큰 도움을 받았고, 귀국하면 외국인 학생들을 돕는 활동을 하겠다고 결심했습니다. 단지 학교나 주변 투어에 그치지 않고, 가장 어려워할 만한 행정적인 절차, 수업 신청과 같은 부분들을 실질적으로 도와주었습니다. 또한 휴대폰 개통이나 부동산 방문과 같은 일상적인 부분에서 제가 어려웠던 점들을 기억하고 항상 동행했습니다."

같은 봉사라 하더라도 각자가 어떤 방식으로 수행했는지 디테일이 모두 달랐다. 봉사활동이라고 해서 형식적으로 하지 않고 책임감을 다해 열심히 한 사람들이 많다. 봉사로 하는 일인데도 이토록 열과 성을 다했던 사람을 좋아하지 않을 이가 있을까?
짧은 기간 하는 일이지만 그 시간만큼은 진정으로 도움이 되고자 애쓴 부분을 찾아보자. 미리 준비하여 완성도를 높인 이야기도 좋고, 현장에서 해야 할 몫 이상으로 행동한 이야기도 좋다.

"지역아동센터 방과 후 체육수업을 새롭게 기획하여 좋은 반응을 이끌었던 경험이 있습니다. 당시 기존에 진행하던 수업 교안을 전달받았으나 제작된 지 오래되어 아이들의 흥미를 끌 요소가 부족했습니다. 저는 놀이요소와 체력증진 효과를 결합한 프로그램을 제안했고,

안심Touch

그에 필요한 준비물들을 직접 준비해 갔습니다. 그 결과 빠짐없이 참여하는 아이들이 늘었고, 센터 직원 선생님들로부터 가장 반응이 좋은 시즌이라는 평을 들었습니다."

"박물관 전시해설 봉사를 하면서 책임감 있는 자세를 발휘했습니다. 전시해설 스크립트를 작성하는 과정에서 역사적 사실을 어느 정도 인지해야 정확한 안내가 가능하다는 것을 깨달았습니다. 저는 도서관에서 관련 자료를 찾아보며 성심성의껏 스크립트를 작성했습니다. 주목을 끄는 오프닝 멘트, 가장 잘 들리는 문장 구조 등을 연구했고 여러 번 녹음하며 연습했습니다. 이러한 자세를 인정받아 계약직 직원 근무를 제의받기도 했습니다."

'하나를 보면 열을 안다'는 말이 있듯이 봉사활동을 하는 자세를 보면 그 사람을 알 수 있다.
실제로 특별한 근무경력이 없어도 봉사활동 경험만으로 합격한 케이스들이 많다. 나의 성격적, 업무적 강점을 나타내 줄 뿐만 아니라 가치관, 자세까지 진정성 있게 전달해 주는 경험이 될 것이다.

강점&경험 찾기 포인트

- 봉사활동을 시작한 계기, 시작할 때의 마음가짐은 무엇이었을까?
- 봉사였지만 내게 주어진 일을 잘 해내기 위해 애쓴 모습은 어떤 것일까?

봉사활동 경험을 활용한 강점답변 사례 1

어떤 상황에서도 유연하고 침착하게 대처합니다.

장애인 봉사활동을 할 때 대상자의 성향에 따라 예상치 못한 일이 자주 발생했습니다. 공공장소에서 소리를 지르거나 대중교통 승차를 거부하는 등 여러 상황을 대비하기 위해 항상 대안을 생각하는 습관을 길렀습니다. 대상자가 흥미를 느낄 물건을 항상 소지했고, 주변에 다른 갈 만한 장소를 물색하는 등 대안을 마련한 덕분에 침착하지만 빠르게 상황을 대처할 수 있었습니다.

이러한 역량은 업무를 수행할 때에도 긍정적으로 작용할 것이라 생각합니다.

봉사활동 경험을 활용한 강점답변 사례 2

상대방이 필요로 하는 것을 빠르게 파악합니다.

소상공인시장진흥공단에서 자영업자 대상으로 대출 안내를 하는 봉사를 했습니다. 신용등급, 가게 규모 등에 따라 안내해야 하는 정책이 달라 파악하는 데 시간이 걸렸습니다. 책자를 집에 가져가 안내해 드릴 정책자금을 꼼꼼히 숙지했고, 자영업자들의 이야기를 들으면서 중간중간 적절한 질문으로 원하시는 것을 빠르게 파악했습니다. 어려운 부분은 이해되실 때까지 여러 번 설명해 드렸더니 답답한 부분을 속 시원하게 해결할 수 있었다며 만족하셨습니다.

앞으로도 민원인들의 상황과 요구를 최우선으로 여기며 빠른 응대로 해결하겠습니다.

이런 것도 써먹을 수 있다고?

어학능력

어학능력이 강점인 사람은 어떻게 하면 식상하지 않게 어필할 수 있을까? 대부분 어학능력을 단순히 '높은 토익점수', 혹은 '유창한 회화 실력' 정도로만 생각하지만 훌륭한 어학능력을 갖춘 사람의 면면을 다양하게 들여다보면 여러 가지 강점을 발견할 수 있다.

외국어를 배울 때 단순한 암기만으로는 한계가 있다. 사람마다 외국어를 잘하게 된 계기가 다르고, 외국어를 익히는 과정에서 성향적인 요소, 환경적인 요소, 습득 방법 등 여러 가지가 작용하는 만큼 다양한 각도에서 해석하고 활용할 수 있다. 수치화된 결과가 아닌 어학을 배우고 익혀온 과정을 폭넓게 들여다보자. 그 속에서 힘들었던 점, 나만의 노력 방법 등을 생각해 보면 다양한 강점 소재를 찾을 수 있다.

그리고 자신의 어학 실력이 실질적으로 업무 현장에서 어떻게 활용될지 머릿속으로 그려보자. 면접관들은 그냥 '잘하는 것'보다 업무 시 발생하는 다양한 문제 상황에서 '본인의 능력이 직접적으로 발휘되는 것'을 원한다. 외국어 능력이 그저 해당 언어를 구사해야 하는 한정적인 상황에서만 발휘되는 특정 역량이 아닌, 직무를 수행할 때 발생되는 여러 상황에 적용되고 근본적인 해결 포인트로 활용될 수 있는 강점임을 표현한다.

어학능력을 활용한 강점답변 사례 1

저는 힘든 상황도 꾸준한 노력으로 극복하는 사람입니다.
스페인어를 처음 전공할 당시 매일 3시간씩 공부하자는 저만의 원칙을 세웠습니다. 입학 전부터 스페인어를 접했던 친구들에 비해 기초가 전무한 상태였기 때문에 매일 꾸준히 공부하는 것이 답이었습니다. 또한 외국인 멘토링 활동을 하면서 회화 실력을 향상시켜 원어민 수업을 들을 정도가 되었고, 이 과정에서 꾸준한 노력이 자신감으로 이어진다는 것을 느꼈습니다.
앞으로 어떤 어려움도 부딪혀 나가며 꾸준히 발전하는 일원이 되겠습니다.

어학능력을 활용한 강점답변 사례 2

현장에서 어학능력을 적극 활용하여 성과에 보탬이 된 경험이 있습니다.
대학생 때 제2외국어 하나를 마스터하자는 목표를 세우고 중국어를 독학했습니다. 전공생만큼은 아니어도 여행에 가서 현지인들과 대화할 만큼의 소통 능력을 갖추었습니다. 이는 마케팅 회사 인턴 근무 당시 중국 회사와 프로젝트를 진행할 때 큰 도움이 되었습니다. 비즈니스 중국어는 생소했지만 자진해서 리서치 자료 수집 업무를 맡았고 중국회사 직원이 방문했을 때 의전을 수행하여 도움이 될 수 있었습니다.
앞으로도 회사에 어떤 형태로든 도움이 될 수 있는 방법을 찾아 능동적으로 수행하겠습니다.

자격증/교육이수

자격증과 교육이수 사항은 어떻게 보면 이력서에 있는 것이 더 어울리는 항목들이다. 이력서가 내 히스토리를 한 장에 집약시킨 문서라면, 면접은 그 행간에 담긴 나의 스토리를 대화로 풀어내는 과정이다. '자격증을 취득했다', '교육을 이수했다'는 사실 자체가 아니라, 그 과정에서 할 말이 있다면 얼마든지 면접 답변으로 활용할 수 있다.

만약 내가 취득한 자격증이 직무상 누구나 따는 것이 아니라 면접관이 관심을 가질 만한 특이한 자격증이라면 답변 소재로 활용할 수 있다. 왜 취득했는지, 그 과정에서 어려움은 없었는지 생각해 본다.

교육이수도 마찬가지이다. 본인의 학력이나 이력이 해당 직무와 연관성이 없는 경우 따로 교육을 이수하여 관심도와 이해도를 표현하고는 한다. 교육이수 시 병행하는 팀 과제나 프로젝트들도 있기 때문에 이 역시 앞서 다뤄온 단체활동으로 보고 그 과정에서 드러난 나의 면모를 뽑아낼 수 있다. 때로는 결과보다는 과정에 집중할 때 나의 강점이 더 잘 보인다는 것을 잊지 말자.

자격증을 활용한 강점답변 사례

스스로 목표의식을 가지고 임하는 사람입니다.
가구 영업직으로 근무할 때 자주 접하는 고객 중 어머니 연령대의 고객이 많았습니다. 가구 배치나 전체적인 인테리어를 이해하기 쉽게 보여드릴 수 있는 방법을 고민했습니다. 이에 저는 기본적인 포토샵과 인테리어CS 자격증을 취득했습니다. 이후 중장년층 여성 고객들께 보다 전문적인 상담을 해드릴 수 있어 매출이 향상되었고, 그로 인해 상담에 대한 자신감을 갖게 되었습니다.
이처럼 맡겨진 일을 스스로 동기 부여하며 이루는 자세가 저의 강점입니다.

교육이수를 활용한 강점답변 사례

일의 목적성을 생각하며 업무에 임합니다.
스마트 물류 전문가 과정을 이수할 당시 팀별 발표 미션에서 현직 종사자 인터뷰를 제안하여 좋은 성과를 거두었습니다. 발표를 수행하기만 하면 패스를 받을 수 있었지만 이해도를 높인다는 목적성을 고려했을 때 인터뷰가 필요하다고 판단했습니다. 어렵게 성사시킨 서면상 인터뷰를 위해 팀원들과 고심하여 질문리스트를 작성했고, 그 결과 성공적으로 인터뷰를 수행하여 완성도 높은 팀 발표를 할 수 있었습니다.
이처럼 제가 하는 일의 목적을 잊지 않고 최선의 결과를 도출하는 일원이 되겠습니다.

유년시절/가정환경 🖌

"너무 어릴 때 이야기는 하기 그렇죠?"

"고등학교 때 반장한 것도 말해도 되나요?"

면접에서 못할 이야기는 없다. 하지만 굳이 안 해도 되는 이야기는 있다. 너무 어릴 때, 유년시절의 이야기가 대표적이다. 그때와 지금은 너무 다르고, 어릴 때 우연히 벌어진 사건 하나로 한 사람을 판단하기에는 무리가 있기 때문이다. 하지만 유년시절이라 하더라도 내 성격, 가치관 형성에 지대한 영향을 끼친 경험이라면 살려볼 만하다. 예를 들면, 어릴 때 선수생활을 오래 해서 남다른 끈기와 정신력을 갖추고 있거나, 혹은 고등학교 기숙사 생활을 하며 배려와 존중을 습관화했다면 충분히 답변으로 활용할 수 있다.

성격 형성에 영향을 끼친 것은 분명한데, 뭔가 답변으로 쓰기에는 너무 소박하다면? '곁들임용'으로 사용하는 것을 추천한다. 답변에 풀 스토리로 말하는 것보다는 본격적인 경험을 풀기에 앞서 특정 성격 형성에 영향을 주었던 계기로서 짧게 언급하는 것이다. 도입이 자연스러워지고 그 다음 제시하는 경험의 효과를 극대화한다.

유년시절을 활용한 강점답변 사례 1

중학생 때까지 육상 선수 생활을 하며 남다른 끈기를 갖추었습니다.
선수시절 0.1초의 기록 단축을 위해 정기 훈련 후 남아 매일 자체 훈련을 해왔습니다. 이러한 끈기는 인턴으로 근무하면서도 이어졌습니다. 고정적인 사무 업무 외에 기관 출장 업무를 병행한 적이 있는데, 물리적인 이동시간도 길고 퇴근 이후까지 남아 일하기 일쑤였지만 맡은 바 묵묵히 책임을 다하여 두 가지 모두 완수하였습니다.
회사생활 역시 일종의 '장기 레이스'라고 생각합니다. 저의 끈기와 책임감으로 맡은 일을 끝까지 해내는 모습을 보여드리겠습니다.

유년시절을 활용한 강점답변 사례 2

적응력과 도전정신을 갖춘 지원자입니다.
군인이신 아버지 덕분에 미군부대에서 생활하는 특별한 경험을 했습니다. 영어 사용을 생활화함과 동시에 여러 미군 가정들과 교류하며 '어떤 환경에도 어려움 없이 적응하는 사람'으로 자라왔습니다. 이를 계기로 네덜란드 교환학생을 가서도 언론 동아리에 유일한 동양인으로서 참여했고, 제가 작성한 기사가 교내 신문에 실리기도 했습니다.
적응력과 도전정신을 발휘해 어떤 일에 한계를 두지 않고 다양한 시도를 이어 나가겠습니다.

습관 🖌️

습관은 작지만 강력하다. 오랜 시간 이어온 반복 행동이고, 그렇기 때문에 나를 가장 잘 표현해 준다. 그럴듯한 큰 프로젝트가 아니더라도 일상 속의 습관을 들여다보면 강점을 쉽게 발견할 수 있다. 앞서 성향편에서 계획적인 성향을 가진 사람들의 강점을 확인했다. 그들에게 계획 세우는 습관은 숨쉬듯 자연스러운 행동이다. 하루, 주 단위, 월 단위의 계획을 세우는 것이 이미 자신만의 오랜 습관이 되었고, 입사 후에도 이어나갈 것이 확실하다.

즉, 습관은 성향과 연결되어 있다. 무슨 일이 있어도 아침 일찍 일어나는 습관이 있다면 그 사람은 부지런하고 열심히 사는 캐릭터. 누군가의 생일이나 기념일을 잘 챙기는 습관이 있다면 세심하고 배려심이 깊은 사람일 것이다. 그 외에도 기록하는 습관, 정리하는 습관, 미리 도착하는 습관, 가방에 이것저것 챙겨 다니는 습관 등 여러 가지 습관이 있다. 내 소소한 습관이 어떻게 생겨났는지, 나는 왜 이 습관을 고수하는지 돌아보면 내 성향을 파악할 수 있다. 그리고 그 습관이 어떤 결과를 낳았는지 생각해 보자. 그 습관 덕분에 어떤 일을 무사히 처리했거나 위기를 모면하는 데 결정적인 도움이 되었던 순간을 연결한다면 자연스럽게 면접 답변이 만들어진다.

습관을 활용한 강점답변 사례 1

작은 부분까지도 꼼꼼히 챙기는 성격입니다.
웨딩홀에서 3년간 근무하며 작고 사소한 부분도 간과하지 않고 기록하는 습관이 생겼습니다. 매 예식마다 식 순서, 음악, 조명 등 세부사항이 모두 다르고, 당일에 급히 변경되는 부분이 많아 기록하지 않으면 큰 실수로 이어졌습니다. 바로 기록할 수 있는 확인표를 만들었고, 변경 즉시 공유해 누락을 방지했습니다.
수치를 주로 다루는 금융업 특성상 시시각각의 변동성에 맞춰 정확하게 업무를 수행하는데 저의 강점을 활용해 보고 싶습니다.

 습관을 활용한 강점답변 사례 2

저는 업무 시작 전 20분을 중요하게 생각합니다.
학창시절 항상 수업 20분 전에 도착하고 과제도 미리 제출하는 습관 덕에 높은 학점을 유지했습니다. 세무서에서 세금신고기간 업무 시에도 20분 일찍 도착해 신고서를 미리 정리해 두었습니다. 덕분에 고객이 집중되는 시간대에도 순조롭게 업무를 처리할 수 있었습니다.
저만의 철저한 준비성으로 객장의 원활한 운영을 돕겠습니다.

STEP 3.
면접 답변 변별력 높이기
다른 지원자와 절대 겹치지 않는 나만의 면접 답변 작성법

"저는 조리 있게 말을 잘 못해요."
"처음에 말을 어떻게 시작해야 할지 모르겠어요."

면접은 결국 '말'이라는 수단을 통해 내 역량을 전달하는 과정이다.
하지만 면접에서는 말을 잘하는 사람이 무조건 합격하지 않는다.
말을 잘하는 것보다 필요한 것은, 그 순간 필요한 말을 하는 것.

오히려 '말'보다는 '대화'를 잘하는 사람이 훨씬 유리하다.
우리는 그동안 숱하게 많은 대화를 해왔다.
질문별 원리와 핵심만 이해한다면 결코 어렵지 않을 것이다.

잘 찾은 강점 하나, 열 답변 안 부럽다
"답변 돌려막기"

면접을 앞둔 취준생들이 공통적으로 보이는 행동패턴이 있다. 최대한 많은 기출 질문을 수집해서 100문 100답 형태로 준비하는 것! 짧은 시간 최대치의 노력을 하는 것은 중요하지만, 좋은 성과를 가져다 줄 수 있는 최적의 노력을 하는 것이 더 중요하다. 100문 100답을 채우는 데 급급하다 보면, 내 강점과 스토리가 답변에 잘 담기고 있는지에 소홀할 수 있다. 여행을 갈 때 옷장에 있는 옷을 다 가져가지 않듯, 가장 쓸모 있는 강점답변을 골라 최대한 활용될 수 있는 방법을 찾아야 한다.

그것이 바로 '돌려막기'다. 돌려막기란 내가 준비한 우선순위 답변을 애초 계획한 질문이 아니더라도 필요한 순간에 꺼내어 활용하는 것을 말한다. 예를 들어, 자기소개를 준비했다고 해보자. 분명 자신의 가장 큰 강점과 경험을 배치하여 공들여 준비했을 것이다. 면접장에 들어가 자기소개부터 하려고 마음의 준비를 하고 있는데, '어? 자기소개를 안 시키네?' 이런 상황이 충분히 생길 수 있다. 예상대로만 흘러가지 않는 것이 면접이다. 이런 경우 공들여 준비한 주옥 같은 자기소개 답변을 날려버릴 수는 없는 노릇이니, 다른 답변에서라도 나를 표현하고 어필하는 방법으로 활용해야 한다.

기출 질문을 뽑아보면 은근히 통하는 질문들이 많다. '직장생활에서 중요한 것', '조직생활을 할 때 꼭 갖추어야 할 자질', '신입사원이 가져야 할 자세' 이런 질문들은 가만히 보면 다 같은 맥락의 질문이다. 그렇기 때문에 직장인으로서의 내 강점, 조직생활에 대한 가치관 하나를 잘 정리해 놓는다면, 비슷한 종류의 질문에 두루두루 활용할 수 있다.

아래 답변 사례를 통해 더 자세히 살펴보자. '직장생활에 필요한 자질'과 '만약 상사가 나에게만 일을 떠맡긴다면?'에 대한 답변을 돌려막기 해봤다.

직장생활을 할 때 꼭 갖추어야 할 자질이 무엇인가?

저는 능동적인 자세라고 생각합니다.

공공기관 인턴을 하면서, 능동적인 자세가 더 많은 기회를 만든다는 것을 배웠습니다. 처음엔 맡겨진 일이 많이 없었지만 다른 부서에 자료 전달하기, 서류 철하기 등 작은 일들을 찾아서 한 결과, 중요한 회의 준비 업무를 맡기도 했습니다.

앞으로 ○○에서도 능동적인 자세로 배울 기회를 찾아나서는 사원이 되겠습니다.

입사 후 상사가 나에게만 일을 떠맡긴다면?

저는 일이 많다고 생각하기보다는 배울 기회라는 생각으로 임하겠습니다.

공공기관 인턴을 하면서, 능동적인 자세가 더 많은 기회를 만든다는 것을 배웠습니다. 처음엔 맡겨진 일이 많이 없었지만 다른 부서에 자료 전달하기, 서류 철하기 등 작은 일들을 찾아서 한 결과, 중요한 회의 준비 업무를 맡기도 했습니다.

상사의 일, 저의 일을 구분하려고 하기보다는, 제가 할 수 있는 일들을 주셨다고 생각하고 먼저 능동적으로 수행해 보겠습니다.

자, 각 질문에 알맞은 좋은 대답이 되었다. 내 키워드, 경험을 하나의 답변으로 정리해 놓고 질문에 맞게 조금씩 바꾸어 활용한 것을 볼 수 있다. 각기 다른 질문이지만 크게 봤을 때 맥락이 통하는 질문들은 다 따로 준비하는 것보다 같은 알맹이로 돌려막을 수 있게 준비하는 것이 효율적이다.

강점답변은 강점질문 외 다양한 답변에도 녹일 수 있다. 즉, 멍석을 깔아줬을 때에만 강점을 말하는 것이 아니라, 다른 답변에도 알맞게 강점을 심어놓을 수 있어야 한다. 3단계에서는 면접의 대표적인 질문들을 어떻게 이해하고 접근해야 하는지 알아볼 것이다. 초반에 내 강점으로 쐐기를 박을 수 있는 질문 시리즈 '자기소개', '지원동기', '장단점', '입사 후 포부'를 먼저 짚어보고, 앞으로 면접에서 자주 마주하게 될 질문들, '경험 시리즈: 살면서', '가치관 시리즈', '만약에 시리즈' 질문에도 내 강점과 스토리를 녹여서 변별력을 높이는 방법을 알아보도록 하겠다.

수십 개의 질문을 다 다루기보다는 지원자들이 특히 어려워하는 주요한 질문들을 대표로 선정했다. 이 질문에 대한 답변 방법과 함께 어떤 질문까지 돌려막을 수 있는지도 팁으로 기재해 놓았으니, 짧은 시간에 가성비 있게 준비할 수 있기를 바란다. 적게 준비하고 많이 답할 수 있도록.

이대로만 하면 되는
"답변 틀"

짚고 넘어가야 할 것이 한 가지 더 있다. 우리가 열심히 구상한 답변이 잘
들리게 만들기 위한 답변 틀에 대한 것이다.

답변의 구성

평소 친구들과 대화할 때 두괄식으로 말하는 사람은 거의 없다. 두서없이
이야기해도 서로 잘 듣고 잘 말한다. 하지만 나와 면접관 사이의 대화는 다
르다. 면접관은 오랜 회사생활을 통해 핵심만 간결히 말하는 비즈니스 화법
에 익숙해져 있고, 우리는 아직 동아리 화법, 2시간짜리 카페 수다 화법에
머물러 있다. 이 간극을 좁히기 위해 3단계 구성을 빠르게 익히도록 한다.
질문의 과녁을 꿰뚫는 핵심을 초반에 배치한다. 그리고 근거를 살피는 면접
관들을 위해 항상 이유, 경험으로 입증하는 단계를 거친다. 그리고 이 이야
기의 최종 결론, 앞으로 어떤 식으로 업무에 적용할지, 혹은 이 이야기를
꺼낸 의미(배운 점) 등을 진술한다.

핵심	저는 ~한 사람입니다 / 제 강점은 ~입니다 / 저는 이렇게 생각합니다
뒷받침/경험	주장에 대한 이유, 강점에 대한 입증, 관련 경험 등을 덧붙이기 그 이유는~ / 예전에 아르바이트를 할 때~
마무리	답변의 결론, 직무 혹은 회사생활로의 적용, 포부 입사 후에도~ / 직무 특성상 ~하게 적용하여 / 이 경험을 통해 ~를 배웠습니다

답변의 길이

면접 답변은 편하게 들려야 한다. 답변이 길어지고 설명이 많아질수록, 면접관의 집중력은 떨어진다. 듣기평가처럼 집중해서 들어주면 감사한 일이지만, 편하게 들을 수 있게 말하는 것이 지원자의 도리이다.

전체적인 답변의 부피감을 조절하자. 자기소개, 장점과 같이 나를 와닿게 표현해야 하는 질문은 5~6문장 정도 길이여도 괜찮다. 그 외 졸업하고 뭐 했나, 직무를 위해 준비한 점과 같은 이력 질문과 세부사항 질문들은 3~4문장 내에 끝내는 것이 좋다.

한 문장의 길이는 너무 길지 않아야 한다. 한 문장이 접속사를 이용해 계속 연결되지 않도록 중간에 적절히 끊어주자. 특히 경험을 설명할 때, TMI의 위험이 있다. 상황을 지나치게 세세하게 설명하려고 할 필요는 없다. 경험은 대체로 3문장 안에 끝나도록 이야기해야 한다.

강점으로 초반에 끝내 버릴 수 있는 기본 질문

자기소개

내가 가장 아끼는 강점 총알

어떤 말이든 해도 되지만, 아무 말이나 하면 안 되는 자기소개는 지원자들이 면접을 준비하면서 가장 막막해 하는 질문이기도 하다. 다른 질문은 어느 정도 해야 할 말이 정해져 있지만, 자기소개는 말하기 나름인 '창의적 영역'이라는 생각이 있는 것 같다. 신박하지 않으면 면접 시작부터 외면당할 것 같은 두려움까지 더해져 자기소개에 대한 부담은 더 커진다.

그 동안 취업 컨설팅을 해오면서 자기소개에 '자기'는 없고 '멘트'만 있는 경우를 많이 봐왔다. 참신해야 한다는 부담 때문이다. 자기소개는 결국 '자기 강점을 소개하라'는 말이다. 어떤 강점이든 상관없다. 지금까지 이 책을 읽어오면서 느꼈겠지만 '자기 자신' 자체에 집중할 때 자연스럽게 면접 답변이 만들어지고, 자기소개는 그 결정체이다. 이것이 곧 나만의 참신함으로 이어진다.

안심Touch

"나란 사람을 어떻게 인식시킬 것인가" 자기소개를 준비하기 전에 먼저 생각해보자. 자기소개는 대부분 면접 초반에 하는 만큼, 내 첫인상을 어떻게 가져갈 것인지에 대한 큰 그림을 먼저 생각해야 한다. 그것이 곧 자기소개의 주제이자 핵심 멘트로 이어진다. 지금까지 추려본 나의 강점 중 가장 두드러진 것은 무엇인가? 딱 하나의 강점만 말할 수 있다면 무엇을 말할 것인가? 나의 성향을 살린 캐릭터적 강점을 내세울 것인지, 직무 관련 경험을 내세울 것인지 결정해야 한다. 나의 강점이 담기면서도 면접관들이 관심을 가질 만한 내용이면 무엇이든 좋다.

면접이란 이력서에 기재된 내역들의 행간 속 나란 사람의 면면을 대화를 통해 확인하는 과정이다. 자기소개는 그 면면 중 가장 두드러지고 자랑하고 싶은 점을 본격적인 면접에 앞서 표현할 기회이다. 어떻게 보면, 긴장되는 분위기에 휘둘리지 않고, 의도를 파악하기 난해한 질문에 좌우되지 않고, 내 강점을 준비한 대로 고스란히 이야기할 수 있는 유일한 시간이다.

자, 이제 이해가 되었다면 내 강점을 어떻게 자기소개로 표현할지 구체적인 방법과 예시를 살펴보자. 자기소개는 정해진 틀이 없고 그야말로 자신의 재량껏 자유롭게 하면 된다. 하지만 취준생들에게 그게 더 어렵다는 것을 잘 안다. 그래서 골라 쓸 수 있는 답변 틀과 사례를 제시하고 있으니 참고하여 본인의 상황에 맞게 준비하길 바란다.

성향, 캐릭터 강점을 살린 자기소개

추천하는 사람
자신만의 성격적 캐릭터가 분명한 사람
평소 본인의 성향을 잘 파악하고 있던 사람
결정적인 직무 경험이 없어 고민인 사람

이 버전의 장점
이 직무를 위해 태어난 사람처럼 보일 수 있다.
자기소개에서 특정 인상을 강력히 남기고 시작할 수 있다.
나에 대한 찰떡 같은 첫 문장으로 쐐기를 박을 수 있다.

쉽게 말해, 나의 성향이 주가 되는 자기소개다. 만나면 바로 파악 가능한 나의 성향을 직무적으로 연결하는 방법이다. 이를 위해서는 나만의 캐릭터적 강점, 일종의 '콘셉트'를 이끌어내야 한다. 예를 들어, 밝고 적극적인 성향을 가졌다고 해보자. 우리는 이 성향을 있는 그대로 진술하지 않고 '강점화'하기로 하였다. 밝고 긍정적인 당신을 직무에 맞는 캐릭터로 강점화해야 한다. 직무에 맞게 강점화하지 않는다면 당신은 그저 좋은 사람일 뿐이다. 예를 들어, 밝고 긍정적인 성향의 사람이 영업직에 지원할 때는 '거절을 두려워하지 않는 의욕적인 캐릭터'로, 행원으로 지원할 때에는 '고객의 어떤 요청사항도 척척 해결해 드릴 수 있는 행동파 캐릭터'로 발전시키는 것이다.

이렇게 자기소개를 하면 그 지원자가 어떤 사람인지 바로 파악이 가능하다. 직무와 잘 맞아떨어질 때 어떤 것을 잘할 수 있는지 명확하게 그려지면서 설득력을 갖게 된다. 만약 딱 떨어지는 직무 경험이 부족한 경우, 캐릭터를 앞세워 이 직무에 특화된 성격을 타고난 사람처럼 느껴질 수 있다.

다음 예시를 함께 살펴보자. 밝고 적극적인 성향의 사람이 영업직에 지원할 때 작성한 자기소개이다. 두 버전을 비교해 보자.

자기소개 버전 1

안녕하십니까, A제약 영업 지원자 ○○○입니다.
저는 제약 영업직무에 필요한 대인관계역량과 의사소통역량을 갖추고 있습니다. 학생회
장과 동아리연합회 부회장, 서포터즈 팀장 등 사람들을 이끄는 역할을 해왔습니다. 또한
백화점 식품매장 판촉 아르바이트를 하며 저만의 친화력으로 고객님들께 다가간 결과 매
출 20% 상승이라는 성과를 내기도 하였습니다.
앞으로 A제약을 대표하는 영업사원으로서 저만의 친화력과 소통능력으로 좋은 성과를
내는 모습 보여드리겠습니다.

자기소개 버전 2 - 성향적 강점을 살린 캐릭터 자기소개 버전

안녕하십니까, A제약 영업 지원자 ○○○입니다.
저는 한마디로, 거절을 두려워하지 않는 사람입니다. 이러한 성격은 식품매장 판매 당시
매출 20% 상승의 비결입니다. 처음에 10명 중 9명은 관심조차 가져주지 않으셨습니다.
이에 굴하지 않고 "10명이 아닌 20명에게 다가가자"란 마음으로 단순하게, 긍정적으로
임한 것이 성과로 이어질 수 있었습니다.
영업은 스스로 기회를 만드는 직무라고 생각합니다. 그 기회를 기다리기보다 먼저 찾아
나서는 적극적인 사원이 되겠습니다.

자, 위의 2가지 버전의 자기소개를 비교해 보자. 물론 자기소개 답변 하나만으
로 당락이 좌우되지는 않는다. 그렇기 때문에 두 버전 모두 자기소개로 활용할
수 있다. 여기서 중요한 것은 면접관의 입장에서 자기소개를 듣고 어떤 인상이
남는지 생각해 보는 것이다. 자기소개 버전 1, 2 모두 같은 경험을 활용하였지
만, 두 번째 버전은 지원자의 두드러진 캐릭터적 강점을 부각함으로써 특정 인
상을 남길 수 있었다. 첫 마디에 '거절을 두려워하지 않는 사람'이라는 특정 캐

릭터를 언급하여 관심을 끌 수 있고, 이후 경험을 풀어낼 때에도 포인트가 명확해 한결 수월해진다.

캐릭터의 힘은 크다. 지원자 입장에서는 면접관이 경력과 직무역량에만 관심을 가질 것이라 생각한다. 물론 직무 경험이 있는 사람이 갖는 메리트는 분명히 있다. 하지만 면접관은 그 직무 경험 자체보다도 그 이면에 담긴 지원자의 면모, 즉 캐릭터를 깊이 파악하고자 한다. 단순히 '어떤 경험을 했는지'에 그치지 않고 '그 경험 속에서 발휘된 지원자의 성향과 역량이 무엇인지'까지 짧은 시간에 알아보려고 한다. 이 과정을 조금 더 수월하게 돕는 차원에서 자기소개를 캐릭터 강점을 활용해 접근해 보도록 하자. 설령 직무 경험이 없다 하더라도 캐릭터가 직무적으로 잘 맞으면 뽑힐 수 있는 것이 면접이다. 작은 경험 속에 드러나는 나의 성향적 강점을 최대치로 살려서 자신감 있게 자기소개를 해보라. 캐릭터의 힘은 생각보다 정말 크다.

경험 강점을 살린 자기소개

실무 역량과 관련 경험을 중시하는 분야라면 경험 강점을 살린 자기소개 버전을 추천한다. 직무 경험이 있다면 자기소개에 꼭 넣는 것이 좋다. 물론 직무 경험은 캐릭터 강점을 살린 자기소개에도 넣을 수 있다. 다른 점은, 경험 자체를 좀 더 부각한다는 것이다. 설령 직무 연관성이 높은 경험이 아니더라도 내 직무역량을 보여줄 수 있는 유사 경험, 어떠한 성과를 낸 성공 경험 등도 자유롭게 살릴 수 있다.

여기서 중요한 것은 '경험 + α'이다. 직무 경험을 강조하는 사람들은 '경험 + 경험을 통해 쌓은 역량과 발휘한 강점'을 보여주는 것이 더 좋다. 그래야 비슷한 경험을 한 사람들 사이에서 변별력을 가질 수 있다. 물론 경험 자체만으로도 강점이 될 수 있지만, 내가 어느 곳에서 경험을 쌓았다는 사실 자체는 이력서만 봐도 알 수 있다. 자기소개에서는 이 경험을 통해 쌓은 역량, 이 경험 속에서 발휘된 나의 또 다른 강점을 담아야 한다.

유사 경험이나 그 외 나만의 이색 경험, 성공 경험을 살리고 싶은 사람들은 이 경험의 의미를 초반에 알려주는 것이 좋다. 내 성공 경험을 수치화할 수 있다면 좀 더 와닿게 표현할 수 있다. '~에서 판매 1등을 한 지원자', '목표 120%를 달성한 지원자', '하루 최대 300명 이상의 고객을 맞이해 본 지원자' 등 다양한 방식으로 수치화가 가능하다. 반드시 수치화하지 않더라도 '최초로 ~를 이끈 지원자', '전에 없던 ○○을 만든 지원자'와 같은 방식으로 의미 있게 경험을 표현한다.

 경험 강점을 살린 자기소개 사례 1

안녕하십니까, 똑똑한 배려로 우수 인턴 표창장을 받은 지원자, ○○○입니다.
외국계 기업 프로젝트 인턴을 수행하며 업무의 목적에 맞는 '똑똑한 배려'를 실천했습니다. 회의록 작성 업무는 단순 기록을 넘어 꼭 필요한 핵심만 따로 정리해 드렸고, 계약서 검토 시에는 오류 없는 빠른 처리로 신속한 승인을 도왔습니다. 이는 실무를 익히는 것 이상으로 직장생활의 기본을 배울 수 있는 좋은 계기였습니다.
앞으로 영업지원직을 수행하는 데 있어 사람과 상황에 맞는 똑똑한 배려로 매출 향상에 기여하는 직원이 되겠습니다.

 경험 강점을 살린 자기소개 사례 2

안녕하십니까, 새로운 타깃 설정으로 30% 매출 향상을 이끈 지원자, ○○○입니다.
새롭게 오픈하는 기타 학원의 운영 관리를 하며, 성공적인 입지 달성에 기여한 경험이 있습니다. 학생들과 중장년층이 가장 많을 것이라는 생각과 달리 점심시간을 이용해 배우려는 직장인들이 가장 많았습니다. 이에 점심시간 반 운영을 확대하고, 간단한 간식과 함께하는 50분 수업을 새로 개설한 결과 입소문이 나 월 매출이 30% 이상 상승했습니다.
항상 관찰하고 분석하여 긍정적인 변화를 이끌어내는 영업관리인이 되겠습니다.

면접관 입장에서는 모르고 지나칠 수 있는 부분을 알려주는 것이 지원자의 몫이다. 자랑하고 싶은 나만의 경험이 있다면 자기소개에 넣어보자. 경력이나 인턴 경험이 없어도 유사 경험을 통해 실무 역량을 간접적으로 쌓았다면, 자기소개에서 꼭 어필하여 거리감을 좁히는 것을 추천한다.

역량적 강점을 살린 자기소개

추천하는 사람

어학, 자격증 등 남들보다 뛰어난 스펙의 역량을 갖춘 사람

경험, 활동보다는 스펙에 자신 있는 사람

직무에 꼭 필요한 역량과 경험을 꾸준히 개발해온 사람

이 버전의 장점

전문적 역량을 요구하는 직무에서 변별력을 줄 수 있다.

대체 불가능한 인상을 줄 수 있다.

직무에 대한 일관적인 관심과 노력을 강조할 수 있다.

이 버전의 자기소개를 선택하고 싶은 사람이라면 특정 역량을 꾸준히 갖춰온 유능한 사람일 것이다. 금융업, 마케팅, 홍보, MD 등의 직무는 해당 분야에 대한 이해도와 꾸준한 경험으로 변별력을 높이는 것이 필요하다. 이 분야에 적합한 사람이 되기 위해 한 우물을 파온 과정을 전달하는 버전의 자기소개를 구성할 수 있다.

꼭 특정 직무에 대한 역량이 아니어도 좋다. 하나의 역량을 꾸준히 쌓아왔다는 것 자체도 큰 강점이 된다. 예를 들어, 외국어의 경우 꾸준한 노력과 의지가 없다면 지속적으로 발전시키기 매우 어렵다. 하나의 언어를 일정 수준 이상으로 구사하기까지 얼마나 많은 노력이 필요했겠는가. 언어 역량이 뛰어나다는 것은 해당 언어 구사력 그 자체로도 대단하지만 동시에 꾸준한 노력, 지속적인 발전이라는 또 다른 강점이 내포되어 있다.

어떤 분야든 목표의식을 가지고 관련된 자격증 취득, 교육이수, 실무경험 등을 꾸준히 이어왔다면 이를 엮어 자기소개로 활용할 것을 추천한다.

안심Touch

역량적 강점을 살린 자기소개 사례 1

안녕하십니까? MD직무에 필요한 2가지 역량을 갖춘 지원자 ○○○입니다.
제가 갖춘 첫 번째 역량은 기획력입니다. ○○이 주관하는 패션 스쿨 프로젝트에 참여하여, 성별을 초월한 기획력으로 최우수 작품에 선정된 경험이 있습니다.
두 번째 역량은 분석력입니다. 의류매장에서 근무하며 감각이 아닌 매일의 판매 수치를 리포트로 작성하여, 이를 토대로 상품을 진열해 매출 향상으로 연결시켰습니다.
이 과정에서 '좋아하는 일'을 '잘하는 일'로 만들어 왔습니다. 이제는 제가 좋아하고 잘하는 일로 ○○에 도움이 되는 일을 하고 싶습니다.

역량적 강점을 살린 자기소개 사례 2

안녕하십니까? 3개 국어를 꾸준히 발전시켜온 지원자, ○○○입니다.
어릴 적 중국 국제학교를 다니며 중국어, 영어, 스페인어를 배웠습니다. 저에게 언어란, 새로운 환경에 적응하며 친구들을 사귈 수 있는 소통의 문이었습니다. 생존을 위해 배운 3개 국어를 지속적으로 유지하고 발전시키고자 입학 후 교환학생들을 돕는 버디 활동을 2년 동안 해왔습니다. 이 과정에서 언어를 매개로 누군가의 편의를 돕는 일이 보람차게 느껴졌습니다.
앞으로 ○○호텔 입사 후에도 전면에서 다양한 국적의 외국인 고객들께서 불편함 없이 이용하시도록 돕는 소통의 역할을 수행하겠습니다.

자기소개는 어느 정도의 과감함이 필요하다. 하고 싶은 말이 많을지라도 여러 강점을 나열하는 것이 아닌, 하나의 강점을 강력하게 살리는 것을 추천한다. 자기소개는 내가 하고 싶은 말을 서두에 던짐으로써 내가 원하는 방향으로 면접을 이끄는 수단이다. 그런데 여러 가지 이야기를 나열하게 되면 면접관 입장에서는 잘 들리지 않고 특별히 이어서 할 질문이 없어진다. 뭐든 하나만 과감하게 살려 보자. 모든 내용을 다 담으려 하기보다는 면접관이 관심을 가지고 추가적으로 물어보고 싶을 만큼만 담아내면 된다. 내용을 꽉꽉 채워 논리적으로 연결시키려고 하기보다 면접관의 귀에 딱 꽂힐 만한 단어, 문장으로 표현하는 것이다.

위에 소개한 방법 중 자신에게 가장 잘 어울리는 패턴으로 공식화하면 어떤 면접도 결코 두렵지 않을 것이다. 자기소개는 '내가 준비한 대로, 말하고 싶은 내용을 전할 수 있는 시간'이다. 본인이 준비한 강점을 답변에 잘 녹일 수 있는 방법들을 자세히 다룰 것이니 너무 부담은 갖지 말자. '자기소개로 눈길을 끌어야 한다', '강력한 필살기를 제대로 어필해야 한다'는 압박감보다는 내 여러 강점 총알 중 하나를 잘 전달해 면접을 순조롭게 출발한다는 마음가짐이 필요하다. 자기소개에 어느 정도 나란 사람의 한 면을 잘 담았다면, 큰 산을 넘은 것이다.

📋 자기소개 첫 문장 예시

○○에 필요한 ○가지 역량을 갖춘 지원자

○○직무에 필요한 지식과 경험을 모두 갖춘 지원자

저만의 ○○으로 ○○을 이룰/달성할 지원자

○○에서 ○○을 이룰/달성할 지원자

○○의 터닝포인트를 만들 지원자

○○만큼은 자신 있는 지원자

"○○○○하다"는 말을 듣는 지원자

"○○○○하다"는 가치관을 가진 지원자

📋 자기소개 문장 구성

첫 문장	저는 ~한 사람입니다.
경험	~한 상황에서 ~를 통해 ~를 했던 경험이 있습니다.
마무리	~직무를 하면서 ~를 적용해 ~를 해 보이겠습니다.

지원동기 ✒️

나는 지금 이 순간, 이 직무에 진심이다

특별한 지원동기는 없어도 우린 없다고 말할 수 없다. 채용사이트를 보다가 우연히 발견했다고, 자격 조건이 맞아서 지원했다고 말할 수도 없다. "원래 이 직무에 관심도 없었는데 이 직무가 천직인 것처럼 지어내야 하는 건가요?" 묻는 사람이 있다면 해당 직무를 얼마나 오랫동안 맘에 두었는지 중요한 것이 아니라 지금 이 순간 진심이면 된다고 말해 주고 싶다.

지원동기는 한마디로 어떻게 전달하느냐에 따라 서로의 사이가 더 가까워질 수도, 멀어질 수도 있는 질문이다. 표면적인 이야기, 부수적인 이야기를 넘어, '이 일이 내 성향상 어떻게 잘 맞는지'와 같은 본질적인 이야기로 접근해야 한다. 즉, 요약하면 '내 성향과 강점상 어떤 점이 직무에 맞는지'에만 집중해서 말해보는 것이다.

지원동기 역시 3가지 버전으로 알아볼 것이다. 영업, 서비스와 같이 지원자의 성향이 중요한 직무를 위한 버전과 금융, 회계 등과 같이 특정 업무 역량을 어느 정도 요구하는 직무를 위한 버전으로 나누어 살펴보겠다. 또한 추구하는 직업적 가치를 연결한 버전도 살펴보겠다. 관련된 경험이 하나도 없어도 된다. 전공이 전혀 상관없어도 괜찮다. 내 성향과 강점으로 이 직무에 진심으로 보이는 방법과 사례를 함께 알아보자.

회사 지원동기도 같은 방식으로 접근하면 된다. 보통은 '업계 1위이기 때문에', 혹은 급하게 찾아본 회사 정보를 나열하며 표면적인 이유를 댄다. 아니면 막연히 고객의 입장에서 좋은 회사라는 점을 들어, 조직의 일원으로서의 관점이 빠진 답변을 하기도 한다. 회사 지원동기 역시 직무와 같은 맥락에서 접근하면 된다. 내 성향상, 경험상, 가치관상 어떤 회사와 함께 하고 싶은지를 생각해 본다.

사람마다 회사를 선택하는 기준은 다르다. 어떤 이는 해당 업계에서 최고로 인정받는 자부심을 가질 수 있는 회사에 입사하기를 원한다. 어떤 이는 조직의 성장 가능성, 방향성을 중요하게 생각하고, 어떤 이는 이 조직이 가지는 비전, 가치관을 중요하게 생각한다. 우리 모두 깊이 생각해 보지 않았을 뿐, 각자 소속되고 싶은 조직의 기준이 있다. 나는 어떤 회사와 함께 하고 싶은지 생각해 보고, 어떤 점에서 이 회사가 그런 회사인지를 연결하는 식으로 답변을 구상한다면 크게 어렵지 않을 것이다.

성향적 강점을 살린 지원동기

추천하는 사람

성향을 중시하는 직무에 지원하는 사람
스스로 이 직무가 천직이라고 느껴지는 사람
성격상 이 일을 하는 것이 그렇게 힘들지 않을 사람

이 버전의 장점

타고난 성향까지도 직무에 잘 맞아 보일 수 있다.
관련 경험이 다소 부족하더라도 설득력을 가질 수 있다.
오래 이 일을 만족하며 할 것 같다는 인상을 준다.

보통 우리가 이야기하는 적성은 성격과 깊은 연관이 있다. 물론 성격과 직업이 100% 일치하는 것은 아니다. 성격에 안 맞아도 직업으로 삼으며 살아가는 사람들도 많다. 하지만 성격에 안 맞으면 지속하기 어려운 직무들은 있다. 예를 들어 사람들 대면하는 것에 어려움을 겪는 사람이라면 영업직이나 서비스직을 오래하기는 힘들 것이다. 만약 내가 지원하고자 하는 직무가 성향상 잘 맞는다면 이 점을 주 논리로 들어 설득력 높은 지원동기를 완성할 수 있다.

해외영업 지원동기 답변 사례

스스로 동기를 부여하며 해나갈 수 있는 일이 해외영업이라고 생각합니다.
저는 제가 한 일에 대한 결과를 바로 확인할 수 있는 업무에서 매력을 느꼈습니다. 스터디카페에서 아르바이트를 하며 고객을 응대할 때에도 보람찼지만 커피숍, 병원 등과 제휴를 추진해 수익이 발생하는 것을 볼 때 더 큰 성취감을 느꼈습니다.
업무상 해외 바이어로부터 수주를 크게 한다면 판매 극대화에 일조할 수 있기에, 도전적이고 성과지향적인 성격상 동기 부여를 받으며 일을 해나갈 수 있을 거라 생각합니다.

서비스직 지원동기 답변 사례

저는 사람들을 만나고 대하는 일이 스트레스가 아닌, 에너지로 다가오는 사람입니다.
업무 강도가 높고 다양한 요구사항을 마주해야 하는 대형 의류매장에서 1년간 근무했습니다. 바쁜 상황에서도 형식적인 응대를 스스로 경계하고, 항상 고객의 요청사항을 집중해서 세심하게 해결해 드렸습니다.
이 경험을 통해 항상 다양한 고객을 성심성의껏 응대해야 하는 서비스직이 제가 오랫동안 성취감을 느끼며 할 수 있는 일이라고 생각하여 지원하였습니다.

경험적 강점을 살린 지원동기

추천하는 사람
관련 경험과 역량을 중시하는 직무에 지원하는 사람
직무 관련 경험을 수행했다는 것을 어필하고 싶은 사람
타고난 성향보다는 추후 쌓은 역량이 더 잘 맞을 것 같은 사람

이 버전의 장점
경험을 통해 관련 업무를 간접 수행해본 부분이 설득력을 높여준다.
직무 이해도가 높고 역량이 뛰어난 사람으로 보일 수 있다.
경험을 통해 직무적합도를 스스로 검증한 느낌이 든다.

경험은 최고의 선생이라고 한다. 해보지 않으면 모르는 것들이 많다. 특히 적성이 그렇다. 단지 책상에서 직업을 고를 때는 알지 못했던 내 업무 성향을 경험을 통해 마주할 때가 많다. 막연한 추측이 아니라, 실제 경험을 동반하여 내 적성을 설명할 때 한층 진정성 있게 느껴진다. 게다가 경험을 통해 쌓은 역량을 함께 이야기한다면 이 지원자를 선택할 확률은 더 높아진다.

은행원 지원동기 답변 사례

경제학 전공 지식과 다년간의 서비스 경험으로 쌓은 소통 역량을 함께 살리고자 지원했습니다.

특히 가장 애정을 가지고 했던 화장품 판매 아르바이트를 하며 다양한 연령층의 고객에 맞게 맞춤 추천을 해 판매로 이끈 경험이 있습니다. 제품의 성분, 효과를 공부하고 고객의 성향을 분석하여 적절한 추천이 이루어졌을 때 재방문을 이끌 수 있고 장기적인 신뢰 관계가 만들어지는 것을 보았습니다.

다변하는 금융 흐름 속에서 은행을 찾아주시는 고객님들 한 분 한 분을 정성껏 응대하며 생애주기에 맞는 상품 추천으로 장기적인 관계를 만들어 나가고자 지원했습니다.

마케팅 직무 지원동기 답변 사례

고객 중심 사고로 고객이 흥미를 느낄 만한 콘텐츠를 기획하는 것에 자신 있습니다.

브랜드 마케팅 인턴 때, 브랜드 공식 홈페이지를 기획해 클릭 수 50% 증가를 이끌었습니다. 가장 먼저 한 일은 메인 페이지 광고 이미지를 영상 광고로 교체하는 것이었습니다. 입체적인 정보와 동영상 콘텐츠를 원하는 소비자 트렌드를 즉각 반영했고, 고객 중심의 사고로 잠재고객으로부터 긍정적인 피드백을 받을 수 있었습니다.

효과적인 홍보는 고객이 원하는 것을 아는 능력에서 시작하기에, 저의 역량으로 ○○의 제품을 알리는 전문가가 되고자 지원했습니다.

직업관을 살린 지원동기

추천하는 사람
사명감, 이타 정신 등 가치를 중시하는 직무에 지원하는 사람
공공성을 띤 직업을 가지려는 사람
여러 경험으로 나만의 직업관을 형성한 사람

이 버전의 장점
뼛속까지 이 직무에 맞아 보일 수 있다.
자신의 일에 대한 가치를 느끼며 일하는 사람으로 보일 수 있다.
보다 신중하게 직무를 선택한 느낌을 준다.

직업관이라고 하면 거창하게 들릴 수 있지만, 사실 우린 모두 직업관을 가지고 있다. 남녀관계 이상형을 떠올릴 때처럼, '나는 일을 할 때 어떤 점을 중시하는 가', '직업은 나에게 어떤 의미인가'를 생각해 보면 된다. 예를 들어, 내가 좋아하는 일을 하고 싶은 사람이 있는가 하면, 잘할 수 있는 일을 하고 싶은 사람이 있다. 돈을 많이 벌고 성공하는 직업, 혹은 누군가를 돕고 긍정적인 영향을 줄 수 있는 직업 등 각자 추구하는 가치는 다르다. 잘 정립된 직업적 가치관도 자신의 강점이 될 수 있다. 이러한 가치가 잘 반영된 직업을 골랐다면, 이 역시 좋은 지원동기 답변이 된다.

공기업 지원동기 답변 사례

'제 역할로서 긍정적인 영향을 주는 일을 하자'는 가치관을 실현하고자 지원하였습니다. 기업인 출입국 종합지원센터에서 기업인들에게 정책과 제도 안내를 했습니다. 바뀐 정책으로 혼란스러울 기업인들의 입장을 고려하여 '안 된다', '방법이 없다'라는 말보다는, '이렇게 해보세요'라는 말을 드리고 싶었습니다. 방법을 고민하고 끝내 대안을 찾아 안내드릴 때 직접적인 도움을 드린 것에 뿌듯했습니다.

제도 마련부터 실행에 있어 제 업무가 더 많은 이들의 가치를 창출하는 긍정적인 영향으로 이어질 수 있기에, 저의 가치를 가장 잘 실현할 수 있는 곳이라고 생각하여 지원했습니다.

로펌 비서 지원동기 답변 사례

로펌 비서는 '저와 상대방의 지속 가능한 성장'이라는 직업적 가치에 부합하는 업무라고 생각합니다.

고등학생 때부터 꾸준히 봉사를 해오며 지속 가능한 도움을 실천해 왔습니다. 이후 공공기관 사무 지원을 통해 신속 정확한 업무처리로 업무 효율을 높이는 서포터 역할이 제가 생각하는 저와 상대방 모두의 성장을 돕는 일이라는 것을 깨달았습니다.

제가 가장 잘할 수 있는 일로써 가치를 이루어 나갈 수 있다고 생각해 지원하였습니다.

📋 지원동기 첫 문장 예시

저의 ○○역량을 가장 잘 살릴 수 있는 직무이기에 지원했습니다.

○○에서 ○○의 결과를 낸 경험이 직무에 적합하다고 생각해 지원했습니다.

○○직무에 꼭 필요한 ○○역량을 갖추었기 때문에 지원했습니다.

전공에서 배운 지식과 ○○경험이 ○○직무에 잘 맞다고 생각해 지원했습니다.

제 성향과 경험이 가장 잘 발휘될 수 있기에 지원했습니다.

저의 ○○으로 ○○을 이루고자/달성하고자 지원했습니다.

○○분야를 선도하며 성장해 나가는 ○○에서 함께 성장하고자 지원했습니다.

○○을 중시하는 저의 가치관을 ○○에서 실현하고자 지원했습니다.

○○와 함께 ○○을 실현하고자 지원했습니다.

📋 지원동기 문장 구성

첫 문장	저의 ○○역량을 살리고자 / ○○의 가치를 실천하고자 지원했습니다.
경험	~한 상황에서 ~를 통해 ~를 한 경험이 있습니다.
마무리	~직무에 ~역량이 필요한 만큼, ~해 보고자 지원했습니다.

성격의 장단점 ✒

나는 이 일에 최적화된 사람이다

지금까지 다양한 강점답변 사례를 소개했다. 자신의 강점이나 성격의 장점을 부각시키는 답변이 어느 정도 정리가 되었을 것이라 생각한다. 이번에는 답변의 내용보다도 상대에게 보다 잘 들리는 구성, 다양한 첫 문장에 중점을 두고 살펴보겠다.

본인이 가지고 있는 장점을 본인 입으로 말하려니 민망하기도 하다. 그럴 때 주변 사람들이 나에게 했던 말들을 곰곰이 생각해 보고, 적용해 본다. 계획적인 성향의 사람들은 주변 사람들로부터 "계획은 네 담당이지", "너 없으면 일이 안 돌아가"라는 말을 듣곤 할 것이다. 평소 들었던 그런 표현들을 답변에 곁들이면 보다 진정성 있는 답변이 된다.

조금 더 직무에 특화된 사람으로 보이기 위해서는, 업무 현장에서 상사로부터 들은 이야기를 넣는 것도 좋다. 싹싹하고 행동이 빠른 사람은 "같이 일하니 너무 편하다", "알아서 척척 하니 좋다"와 같은 칭찬을 들었을 터이고, 꼼꼼하고 체계적인 사람은 "덕분에 업무가 한결 효율적이다", "남들이 보지 못하는 것을 잘 본다"와 같은 긍정적인 피드백을 들었을 것이다. 이러한 상황이나 표현을 곁들여 답변에 힘을 준다.

또한, 성격의 장점이라지만 결국 일을 하는 데 필요한 성격이어야 설득력이 높아진다. 관련된 업무를 수행하면서 도움이 되었던 점을 강조한다. 이것이 사실상 강점화 작업의 핵심이기도 하다. 서비스직 지원자들은 친근하고 경청하는 성격을 언급하는 것에서 그치는 것이 아니라, 이를 통해 "컴플레인을 빠르게 해결했다", "고객이 재방문해 주셨다"는 결과를 덧붙여야 한다. 마케팅, 홍보 지원자들은 새로운 시도를 하는 성격으로 출발하되, 이를 통해 "매출이 ○○% 상승했다", "고객 유입율이 ○○% 증가했다"와 같은 결과로 연결한다. 수치화할 수 있으면 좋지만 그렇지 않더라도 유의미한 결과로 이어졌음을 표현한다면 이 성격이 직무에 최적화되어 있다는 인상을 줄 수 있다.

 성격의 장점 첫 문장 예시

제 장점은 ○○입니다.
저는 ○○한 성격입니다.
저는 ○○한 사람입니다.
저는 ○○하다는 이야기를 자주 듣습니다.
저는 ○○은 자신 있습니다.
저는 ○○에 능합니다.
저는 ○○한 성격으로, ○○합니다.
저는 ○○할 만큼, ○○한 점이 장점입니다.

성격의 장점 문장 구성

첫 문장	저는 ○○한 사람입니다 / 제 장점은 ○○입니다.
경험	~한 상황에서 ~를 통해 ~를 한 경험이 있습니다.
마무리	앞으로 ~한 성격을 발휘해 ~를 해낼 수 있을 것이라 생각합니다.

나는 자기객관화가 잘 되어 있다

단점에 대한 질문은 자칫 면접 불합격으로 이어질 수 있다는 생각에 많은 이들이 부담스러워 한다. 취준생이라면 한번쯤은 어디까지 솔직하게 단점을 말해야 하는지 고민해 보았을 것이다. 다음 가이드라인에 맞춰 본인의 단점을 생각해 보자.

❶ **수위조절**

갑자기 뽑고 싶지 않아질 만큼의 지독한 솔직함은 피한다.

❷ **지나친 장점화 금지**

면접관이 특히 싫어하는 것이다. 단점이 결국 장점이 될 수 있다는 식의 답변은 피해야 한다. 장점이 아닌 단점을 물어본 것임을 잊지 말자. 결국 일을 하는 데 큰 결격사유가 되지 않는 단점을 고르되, 장점처럼 보이려고 굳이 애를 쓸 필요는 없다.

❸ **인지 & 보완이 관건**

누구나 장점이 있듯, 누구나 단점도 있다. 완전무결한 사람으로 보이려고 애쓰지 말자. 스스로 단점을 인지하고 있는지, 수정의 필요성을 느끼고 어떤 식으로 보완하는지가 중요하다.

장점과 단점은 동전의 양면과 같다. 뭐든지 지나치면 독이 되는 법. 실제로 장점이 지나쳐서 단점이 될 때가 많다. 꼼꼼한 성격이 지나치면 때로는 큰 그림을 잘 보지 못하거나 세세한 부분에 집착한 나머지 업무 진척에 어려움을 겪기도 한다. 신중한 사람들은 항상 여러 가지를 고려하기 때문에 무언가를 시작하기 앞서 주저하기도 한다. 사람이 정이 많고 지나치게 관계지향적인 경우, 맺고 끊음이 부족하고 과도하게 일을 껴안게 되는 경우도 있다.

지금까지 파악한 내 성향 중, 때로는 너무 지나치게 나타나 불편함을 겪었던 점을 찾아보자. 다만, 일을 할 때 부정적인 영향을 줄 것 같은 단점은 피하는 것이 좋다. 예를 들어, "너무 섬세한 나머지 감정기복이 심하다"라고 말한다면, 사회생활에 영향을 주거나 같이 일하기 어려운 사람이라는 인상을 줄 수 있다. 지나치기 전에 스스로 인지하고 통제할 수 있을 만큼의 단점이어야 한다.

'사람은 쉽게 안 바뀐다'는 말에 동의한다. 하지만 이는 천성에 가까운 성격에 한해서다. 일을 할 때의 업무 방식이나 습관은 얼마든지 바꿀 수 있다. 일을 할 때 약간의 걸림돌이 되었던 나의 습관, 처리 방식이 있었는지 생각해 본다. 한 가지에 집중하는 사람은 동시에 여러 가지 일을 해야 할 때 어려움을 겪을 수 있다. 계획 세우는 습관을 가진 사람은 계획대로 흘러가지 않을 때 스트레스를 받는다. 변수가 생기거나 계획에 없던 갑작스러운 일을 부여받았을 때 당황할 수 있다.

단점은 어쩔 수 없이 단점이다. 면접관 입장에서 '충분히 그럴 수 있다, 조절 가능하다'라고 느껴질 수 있는 선에서 단점을 찾고, 보완할 방법을 생각한다. 좋게만 보이려고 애쓰기보다는 '스스로 이런 점을 보완해야 할 필요성을 느껴 이런 식으로 노력하고 있다'라고 솔직히 말하는 것이 오히려 더 좋게 보인다.

성격의 단점 답변 사례 1

모든 일을 계획대로만 하려는 점이 단점이 될 때가 있습니다. 어떤 선택을 할 때 변수나 인과관계까지 고려하다 보니 다소 시간이 오래 걸립니다.
○○기관에서 인턴을 수행할 당시 상사로부터 "모든 걸 다 갖추고 시작하는 것보다 시작하면서 갖춰 나가는 것이 필요하다"는 말씀을 들었습니다.
이후 이를 보완하고자 어느 정도 최소 조건이 갖추어지면 우선 시작하는 방식으로 수정해 나가고 있습니다.

성격의 단점 답변 사례 2

혼자서 해결하려고 하는 성격이 단점으로 느껴진 적이 있습니다. 누군가에게 피해를 끼치거나 도움을 요청하는 것에 어려움을 겪는 편입니다.
하지만 대외 활동과 아르바이트를 하면서 주변에 조언을 구하고 함께 해결할 때 상황이 더 빠르게 해결될 수 있음을 깨달았습니다.
그래서 일을 할 때 고충이나 모르는 부분은 바로 말씀드려서 함께 해결하려고 노력하고 있습니다.

📋 성격의 단점 첫 문장 예시

제 단점은 ○○입니다.

저는 스스로 ○○이 단점이라고 생각합니다.

저는 너무 ○○한 나머지 ○○하다는 단점이 있습니다.

저는 ○○하기 때문에, 때로는 ○○하기도 합니다.

저는 ○○한 단점을 보완해 오고 있습니다.

📋 성격의 단점 문장 구성

첫 문장	저는 ○○한 점이 단점입니다 / 저는 ○○한 나머지, ○○하다는 단점이 있습니다.
경험	~한 상황에서 단점임을 알게 되었습니다.
마무리	~한 방식으로 수정(보완)하고자 노력하고 있습니다.

입사 후 포부 ✒️

열심히 하겠습니다. 제 스타일대로

입사만 한다면 뭐든 못할 게 없다는 생각이지만 막상 질문을 받으면 뭐라고 대답해야 할지 난감하다. "몸이 부서지도록 열심히 하겠다"는 오글거리고, "자격증을 따겠다"는 말은 진부한 것 같고, "몇 년 이내 팀장직을 달겠다"고 하자니 너무 야심 차 보일 듯하다.

이런 고민이 드는 이유는 '포부'라는 단어 때문인 것 같다. 왠지 거창하고 배포 있는 이야기를 해야 할 것 같은 기분이 드는 단어가 아닌가. '입사 후 포부'라는 말 자체에 얽매이지 말고, 회사생활을 얼마나 열심히 잘해 나갈 것인지 나름대로 설명하면 된다.

지원동기가 회사를 선택한 이유라면, 입사 후 포부는 앞으로 어떤 마음가짐과 계획으로 회사 생활을 해 나갈 것인지에 대한 이야기다. 요즘은 면접관들이 좀 더 구체적인 질문을 던지기도 한다. '5년 후 어떤 직장생활을 하고 있을 것 같나요?', '입사 후 업무 숙지를 위한 실질적인 계획이 어떻게 되나요?'와 같은 질문들이 바로 그것이다. 뜬구름 잡지 말고 묻는 말에 구체적으로 답을 하라는 뜻이다. 이렇게 구체적으로 시점과 포인트를 명시해 주면 그 부분을 충족시킬 수 있는 답변을 구체적으로 하면 된다.

답변하기가 다소 막연하게 느껴지는 질문을 받는다면 내 나름의 한 가지 포인트를 잡아서 답변하면 된다. '아님 말고' 식의 포부가 아닌, 진짜 그렇게 할 것 같은 진정성을 담은 포부가 되려면 핵심적인 하나의 내용만 콕 집어 말하는 것도 도움이 된다.

입사 후 포부 역시 정해진 틀이나 답은 없다. 예시하는 답변 유형과 사례 역시 무조건 정답은 아니다. 산업분석, 직무 지식이 취약한 사람들, 딱히 할 말이 없

안심Touch

다고 느껴지는 사람들을 위해 예시한 답변이니, 다음 유형을 잘 참고하여 활용하길 바란다.

강점을 살린 입사 후 포부

추천하는 사람
입사 후 포부가 너무 어렵고 내 강점이라도 잘 말하고 싶은 사람
내 강점을 업무에 잘 적용할 자신이 있는 사람
입사 직후 빠른 적응력과 업무 투입력을 보여주고 싶은 사람

이 버전의 장점
입사 직후 빠르게 업무 강점을 발휘할 것이라는 인상을 준다.
현실 가능성 있는 포부로 느껴진다.
업무에 기여하고자 하는 의지가 느껴진다.

입사 후 포부를 묻는 질문을 꼭 마지막에 할 것이라는 생각은 버려야 한다. 다대다 면접으로 이루어지는 대기업 공채에서는 입사 후 포부에 대한 질문을 면접 초반에 하는 경우도 있다. 내가 뭘 잘하는지, 왜 지원했는지도 아직 말하지 않았는데 입사 후 포부를 말해야 한다면 막연한 포부를 말하는 것보다 내 강점을 녹여서 답변하는 것이 더 나을 수도 있다.

"○○이라는 저의 강점으로 ○○을 책임지겠습니다."
"저의 ○○을 발전시켜 ○○할 수 있는 사원이 되겠습니다."

막연하게 열심히 하겠다는 식의 논리가 아니라, 내 강점을 활용해 특정 업무를 잘해 보겠다는 핵심 포인트가 담겨 보다 설득력이 있다. 다만, 강점을 물은 것

은 아니기 때문에, 내 강점을 적극 활용하여 특정 업무를 성공적으로 수행하겠다거나 내 강점을 업무에 접목시켜 ○○ 분야에 있어서 최고로 인정받는 사람이 되겠다는 식으로 입사 후 포부에 걸맞게 탈바꿈하는 과정은 반드시 필요하다.

 강점을 활용한 입사 후 포부 답변 사례

중장년층 고객들이 편하게 질문할 수 있는 행원이 되고 싶습니다.
금융서비스가 비대면화, 디지털화되어 가고 있지만, 중장년층 고객들께서는 여전히 점포 방문이 익숙하고 편하실 겁니다. 저는 중장년층, 특히 어르신 고객을 편안하고 섬세하게 대할 수 있는 장점이 있습니다. 대형 영화관에서 근무하며 키오스크 이용을 어려워하시는 중장년층 고객들께 먼저 다가가 적극적으로 도움을 드렸고, 다음에도 이용하실 수 있도록 상세히 알려 드렸습니다.
어떤 업무든 부담 없이 물어보시고 편하게 ○○은행을 이용하실 수 있도록 돕는 ○○은행의 마스코트 같은 직원이 되고 싶습니다.

경험을 통한 깨달음을 살린 입사 후 포부

추천하는 사람
경험을 통해 업무, 조직생활에 임하는 자세를 깨달은 사람
업무 외 조직 내 관계, 태도를 강조하고 싶은 사람
경험이 직무와 뚜렷한 연관성이 없어 뭐라도 연결하고 싶은 사람

이 버전의 장점
일도 잘하고 회사생활도 잘할 사람으로 느껴진다.
어떤 마음으로 일할 것인지 통찰력 있는 자세를 엿볼 수 있다.
진정성 있는 포부를 전달할 수 있다.

회사생활에서 업무 역량이 중요한 것은 맞다. 하지만 조직 내 인간관계가 좋고, 의사소통을 잘하는 사람이 끝내 인정받고 성과도 낸다. 막상 회사에 몸담아보면 학생 때에는 보지 못했던 수많은 것들이 보인다. 꼭 회사생활이 아니더라도 아르바이트 등의 경험을 통해 깨달은 바가 있다면 이를 포부에 녹여본다.

무언가를 열심히 하겠다고 말을 할 때는, 그 이유가 중요하다. 무슨 말을 더 해야 할지 모르겠다는 대부분의 사람들은 '무엇을(WHAT)', '어떻게(HOW)'만 나열하려고 하기 때문이다. '왜(WHY)', 즉 왜 그것을 열심히 해야겠다고 생각했는지 계기나 경험을 이야기하면 한결 답변이 매끄럽고 설득력도 높아진다.

만약 내가 한 경험이 직무와 관련된 경험이라면, 그 직무를 수행하면서 중요하다고 느낀 점을 담아 말하면 된다. 만약 관련 경험이 전무한 상태라면, 다른 아르바이트나 조직 경험을 들어 직장생활에서 중요하다고 느낀 점으로 연결해도 좋다.

경험을 통한 깨달음을 활용한 입사 후 포부 답변 사례

의사소통의 정확성을 높이는 직원이 되겠습니다.
어학원에서 다양한 유형의 학생들과 학부모님들과 소통해온 경험으로 '사람마다 의사소통의 방식이 모두 다르다'는 것을 깨달았습니다. 학업 성취도나 커리큘럼에 관심을 갖는 학부모님도 계셨지만, 출결 관리나 문자 전송 시스템 등 케어 방식에 관심을 갖는 학부모님도 계셨기에 이를 정확하게 파악하여 해소한 결과 만족스러운 서비스를 제공할 수 있었습니다.
경영지원 직무를 수행하면서 동료와 유관부서와의 소통 시 업무의 목적, 기한, 세부사항을 정확히 파악할 것이며, 항상 문서화하여 모두 공유할 수 있도록 하겠습니다.

직무 이해도를 살린 입사 후 포부

추천하는 사람
직무에 대한 실질적인 개발 계획을 가지고 있는 사람
해당 직무에 있어 이루고 싶은 뚜렷한 목표가 있는 사람
실적과 목표를 중시하는 직무에 지원하는 사람

이 버전의 장점
직무에 대한 실질적인 이해도를 보여줄 수 있다.
구체적인 계획 제시로 기대감과 신뢰를 줄 수 있다.
입사 이후 열심히 성과를 창출할 사람으로 보여질 수 있다.

직무에 대한 이해가 있는 사람은 이 또한 강점이므로 적극 살려야 한다. 앞서 소개한 강점이나 경험을 통한 깨달음을 활용한 답변은 산업/직무 이해도가 부족한 사람들이 활용하면 좋고, 어느 정도 직무에 대한 이해가 있고 해보고 싶은 업무, 이루고 싶은 목표가 확실하다면 이를 잘 드러내야 한다.

이는 크게 두 가지, 장단기적인 관점으로 나눠볼 수 있다. 먼저, 당장 입사한 후 이루고 싶은 목표를 전달해도 좋다. 동종업계에서 일을 해본 사람들은 경험상 무엇을 해야 할지 잘 알 것이다. 입사 후 빠른 기간 안에 이룰 수 있는 단기적 목표로 현실감을 높이는 방법이다. 또한 조금은 시간이 걸리더라도 장기적으로, 궁극적으로 이루고 싶은 일을 언급해도 좋다. 회사의 비전을 공유하며 오랫동안 목적성 있게 일을 해나갈 사람이라는 신뢰감을 줄 수 있다.

안심Touch

다양한 시도를 하는 ○○로지스틱스에서 3PL전문가가 되고 싶습니다.
○○로지스틱스는 자생적인 성장을 위해 3PL 사업을 확대하고 있고, 이를 위해서는 물류정보 시스템 개선이 중요하다고 생각합니다. 물류 수업 전공과 자격증 취득을 통해 키운 물류에 대한 관심과 지식으로 ○○로지스틱스만의 차별화된 물류 시스템 구축에 기여하는 것이 목표입니다.
이전 직장에서 손익계산서, 재무상태표 등을 분석하면서 익힌 분석력으로 인력, 물류비, 생산성 등 각종 지표를 세심하게 분석하여 체계적이고 차별화된 물류 시스템을 함께 만들어나가고 싶습니다.

📋 입사 후 포부 첫 문장 예시

○○한 직원이 되겠습니다.
○○을 이루어가는 일원이 되겠습니다.
○○의 중요성을 인지하며 임하는 사원이 되겠습니다.
○○의 ○○에 기여하겠습니다.
○○전문가로 성장하겠습니다.
○○의 고민을 함께 풀어나가겠습니다.
○○의 가치를 함께 실천하는 직원이 되겠습니다.

📋 입사 후 포부 문장 구성

첫 문장	○○한 직원이 되겠습니다 / ○○의 ○○에 기여하겠습니다.
경험	~직무에서 ~가 중요하다는 것을 깨달았습니다.
마무리	~한 노력으로 ~를 하겠습니다.

내 강점으로 변별력을 높일 수 있는 질문

경험 시리즈 : 살면서

면접 준비를 하다 보면, 기억상실증에 걸린 듯한 기분이다. 특히 '살면서 가장
○○했던 경험'과 같은 질문을 마주할 때면 더욱 그렇다. 흘러가듯 살아온 삶의
각 단면들을 붙잡아 조리 있게 말해야 하는데, 문제는 경험 자체가 생각이 나질
않는다는 것이다.

겨우 생각해낸 경험이 "이런 얘기해도 되나?" 싶은 차마 말 못할 경험들일 때가
많다. 아마도 많은 취준생들이 소재 선정 단계부터 어려움을 겪을 것이다. 우리
모두 알고 있지만, 정답은 없다. 정해진 답변을 찾아 기웃거릴 것이 아니라 가
장 나다운, 나의 스타일을 살린 답변을 잘 만들면 된다.

내 강점과 경험을 최대한 잘 살려서 질문에 딱 맞는 대답을 할 수 있는 요령을
살펴보도록 하겠다. 보통 "살면서"로 시작하는 경험 시리즈에 실린 답변 사례들
은 앞쪽에 이미 소개된 강점답변을 돌려막기(활용)한 버전이다. 소재 선정부터

구성, 그리고 하나의 잘 짜여진 대답을 다른 질문에도 '돌려막기' 하는 방법까지 이해한다면, 우리는 한번에 여러 답변을 커버하며 효율적인 면접 준비를 할 수 있다.

경험 질문을 대하는 자세

❶ 질문 속 단어를 내 방식대로 재해석해 보기
❷ 상황 설명보다는 내 행동 자체에 집중하기
❸ 경험 속에 내 강점이 드러나도록 하기

살면서 열정적으로 임한 경험

나는 어떤 일에 열정을 쏟는 사람인가? 우린 모두 관심 있는 일, 가치를 두는 일에 시간과 에너지를 쏟는다. 지금까지 그래왔듯이 나란 사람, 나의 경험을 찬찬히 들여다보고 내가 가장 열심히 했던 순간을 떠올려보자. 이때 질문에서 '열정'이라는 단어에 너무 집착하면 안 된다. 운동이나 다이어트를 열정적으로 했을 수도 있고, 연애, 여행, 퍼즐 맞추기 등 우리가 열정을 쏟을 수 있는 것들은 너무나 많다. 그리고 성향에 따라 열정이 넘치지 않는 사람들도 있다. 하지만 이 질문은 '당신은 열정적인 사람인가?'가 아니라, 내 인생의 여러 순간들 중에서 비교적 가장 열정이 넘쳤던 순간을 골라 이야기하면 되므로 과도한 부담을 가질 필요는 없다.

열정 = 내 평균 이상의 노력

자신의 성향상 어떠한 일에 열정을 쏟는지, 어떤 순간에 최대치의 노력을 기울이는지, 지금껏 주어진 과업 중 가장 애를 써서 성과를 낸 적이 언제인지 생각해 보고, 답변을 하다 보면 내가 어떤 사람인지 전달할 수 있다.

취준생들 중에 오랜 시간 자발적으로 봉사를 해온 사람들이 있다. 봉사 시간을 채우기 위해 한 것이라고는 볼 수 없는 열정이 느껴지곤 한다. 내가 정말 열정적으로 했던 활동이 있다면 이야기해도 좋다. 특별히 떠오르는 경험이 없다면, 대외활동과 같은 '단체활동', 아르바이트와 같은 '사회경험' 중에 고르는 것을 추천한다. 학생회에서 작은 역할을 맡았지만 피해를 끼치지 않고 잘 해내기 위해 열심히 임했던 경험, 혹은 첫 아르바이트를 하며 업무를 배우고 능숙하게 만들기 위해 노력했던 경험 등을 떠올려보자.

질문의 의도 재해석	• 책임의식, 목표의식을 가지고 했던 경험이 무엇인가? • 맡은 바를 잘 해내기 위해 최대치의 에너지를 쏟은 일은 무엇인가?
소재	• 봉사활동과 같이 내가 가치를 두는 일 • 학생회, 동아리, 대외활동 등 여럿이 함께 하여 더 열정이 필요했던 일 • 사회경험을 하며 내 능력치 이상을 발휘하여 몰입해야 했던 일
구성 시 POINT	• 왜 이 경험을 가장 열정을 발휘했던 경험으로 꼽았는지에 대한 이유 • 경험을 푸는 과정에서 내 열정이 엿보이는 행동이 잘 담기도록 • 어떤 성과, 의미가 있었는지로 마무리
돌려막기 가능 질문	가장 몰입했던 경험, 가장 최선을 다한 경험, 인생에서 가장 열심히 한 경험, 목표를 달성한 경험, 조직 안에서 성과를 낸 경험, 조직 안에서 협업한 경험, 어려움을 극복하고 좋은 성과를 낸 경험

답변 틀

첫 문장	~했을 때가 가장 열정적으로 임했던 경험입니다. ○○에서 근무할 당시, ~를 했을 때 가장 열정적으로 임했습니다.
경험	~한 상황에서 ~를 한 결과 ~한 경험이 있습니다.
마무리	이를 통해 ~를 배울 수 있었습니다. 앞으로도 ~를 발휘하여 ~하겠습니다.

열정적으로 임한 경험 답변 사례 (p.43 강점답변 돌려막기)

KB국민은행 디지털 서포터즈를 했을 때가 가장 열정적으로 임했던 경험입니다.
당시 저는 서포터즈를 하는 동안 최대한 많은 것을 배우고 많은 도움이 되고 싶었습니다.
고객의 대기시간 최소화와 직원들의 업무처리속도 향상을 위해 보이지 않는 곳에서 조용
하지만 빠르게 움직였습니다.
고객의 어플 설치나 서류작성 보조와 같은 작은 일들을 적극 찾아나선 결과 '○○ 씨가
객장에 있을 때와 없을 때가 확연히 다르다'는 감사한 평가를 받았습니다.
앞으로 저의 이러한 도움이 되고자 하는 열정으로, 조직에서 필요한 일들을 알아서 척척
해내는 믿음직스러운 신입사원이 되겠습니다.

살면서 힘들었던 경험

이런 질문에서 '힘들다'를 고난, 핍박, 역경과 같은 극적인 단어로 받아들이면 답이 안 나온다.

힘들었던 = 고군분투했던

개인적으로 마음 고생했던 경험보다는 여럿이 함께 했던 활동이나 아르바이트와 같은 사회경험을 이야기하는 것이 무난하다. 가끔 이런 질문을 받는다. "대외활동을 하면서 힘들었던 경험이 '살면서 가장' 힘들었다고 할 수 있을까요?" 물론 인생에는 개인적인 생활고, 가족사 등 내 근간을 흔드는 여러 힘듦이 존재한다. 그런 힘든 상황과 비교한다면 아주 미약하게 느껴질 수 있다. 하지만 '면접관 입장에서 듣고자 하는 이야기가 무엇인가', '우리는 채용이라는 대전제 앞에서 어떤 이야기를 해야 할까'를 고려한다면 개인사보다는 사회경험 속의 힘들었던 경험이 적합하다.

개인의 성향에 따라, 같은 경험을 하더라도 힘들게 느껴지는 지점은 다 다르다. 대외활동을 하면서 어려움, 난관에 부딪혔을 때, 누군가는 목표하고 계획한 대로 되지 않아 힘들 수 있고, 누군가는 팀원들의 사기가 떨어지거나 갈등상황이 생겨나는 것이 힘들 수 있다. 어떤 부분에서 특히 힘들고 어려움을 느꼈는지를 표현하는 과정에서 우리의 성향과 강점이 전달될 수 있다.

질문의 의도 재해석	• 내가 가장 고군분투했던 경험이 무엇인가? • 당시에는 힘들었지만, 덕분에 큰 인사이트를 얻게 된 경험이 무엇인가?
소재	• 단체생활 속에서 큰 책임을 부여받고 애를 썼던 일 • 아르바이트할 때 처음 해보는 일이 너무 어려웠지만 포기하지 않고 노력한 일 • 목표로 했던 일이 난관에 부딪혔지만 극복한 일
구성 시 POINT	• 어떤 의미에서 힘들다고 느꼈는지 풀기(ex. 팀을 위한 과도한 책임감, 목표달 성 과정에서의 어려움 등) • 힘듦을 토로하는 분위기가 아닌 긍정적으로 해결해 나간 행동 중심 설명 • 경험이 나에게 어떤 교훈과 깨달음을 주었는지로 마무리
돌려막기 가능 질문	난관에 부딪혔던 경험, 단체활동을 하며 어려움을 극복한 경험, 실패했던 경험, 좌절했던 경험, 한계를 느꼈던 경험, 인생에서 가장 힘들었을 때와 극복 방법

답변 틀

첫 문장	~했을 때가 가장 힘들었던 경험입니다. ○○에서 근무할 당시, ~를 했을 때 가장 힘들었습니다.
경험	~한 상황에서 ~를 통해 ~한 경험이 있습니다.
마무리	이를 통해 ~를 배울 수 있었습니다. 앞으로도 ~를 발휘해 ~하겠습니다.

 힘들었던 경험 답변 사례 (p.107 강점답변 돌려막기)

일본 워킹홀리데이 당시 현지에서 근무했을 때가 가장 힘들었습니다.
한국에서 다양한 아르바이트를 해보았지만, 일본 현지에서의 근무는 또 달랐습니다. 직
원들의 일하는 방식과 마인드까지 모든 것이 달랐고, 외국인으로서 이를 습득하여 그들
과 어우러지기까지의 과정이 쉽지 않았습니다. 하지만 저는 쉬는 시간 먼저 다가가 업무
방식이나 대처방법 등을 물어보며 적응해 나갔습니다.
이 경험을 통해, 어떤 상황을 어려움으로 규정짓기보다 배움의 기회로 삼는 긍정적인 자
세가 중요하다는 것을 깨달았습니다.

목표를 세우고 달성한 경험

'목표'라는 단어를 생각하면 자동적으로 연상되는 것들이 있다. 바로 몇 등, 몇 점과 같은 수치로 된 학업적 목표, 혹은 'OO 달성', 'OO 취득'과 같이 성과적 목표들이다. 이는 공모전에 팀원들과 출전해서 수상을 했거나, 대외활동에서 우수 팀으로 선정된 경험을 써야한다는 생각으로 이어진다. 그런 경험이 있으면 다행이지만, 그런 경험이 없는 사람도 많다.

학생회, 학회, 동아리 등 단체활동에서 세울 수 있는 목표는 매우 많다. '참여율을 높이자', '최초로 어떤 행사를 개최해 보자', '모두가 참여할 수 있는 OO을 만들자' 등 목표는 세우기 나름이다. 팀의 팀원들과 함께 유의미한 목표를 세우고 달성한 경험이 있는지 생각해 보자.

목표 = 나만의 작은/유의미한 목표

우리는 아르바이트를 하면서도 얼마든지 목표의식을 가지고 임할 수 있다. 'PB 상품 판매율을 높여보자', '반품율/회수율 0%를 만들자', '새로운 OO을 개척하자' 등 내가 맡은 업무를 잘 해내기 위해 스스로의 목표를 세우며 일하는 성향의 사람들이 있다. 일하면서 소소하게 세웠던 목표를 생각해 보되, '항상 친절한 사원이 되자'와 같은 달성 여부를 확인하기 어려운 목표는 피하는 것이 좋다.

단체생활이나 사회경험이 없다면 개인의 학업적 성취를 위해 목표를 세운 내용도 괜찮다. 하지만 토익 900점 이상 달성, 컴퓨터 활용능력 자격증 취득과 같이 '취업'에 국한된 내용은 아무리 애를 써도 나의 성향과 강점을 표현하기엔 무리가 있다. 복수전공을 하면서 가장 어려운 과목에서 우수한 성적을 거두는 것을 목표로 삼았거나, 새로운 분야를 배우는 과정에서 목표를 세운 일과 같이 의미 있게 표현할 만한 경험을 생각해 본다.

안심Touch

질문의 의도 재해석	• 목표를 협업이나 노력을 통해 끝까지 달성한 성취의 경험이 있는가? • 목표의식(주인의식)을 가지고 스스로 의미 있는 성과를 내본 경험이 있는가?
소재	• 협업 과정에서 공동의 목표를 세우고 끝까지 달성한 일 • 누군가 시킨 일은 아니었지만 자발적으로 목표를 세우고 달성한 일 • 스스로 한 단계 성장하고자 목표를 세우고 성취한 일
구성 시 POINT	• 어떤 의미에서 이 목표를 세웠는지 그 이유가 잘 드러나도록 • 목표를 달성하기 위해 찾은 나만의 방법과 그 과정(행동 중심) • '목표 달성' 그 이상으로 배우고 느낄 수 있었던 점 설명
돌려막기 가능 질문	성취했던 경험, 성과를 낸 경험, 높은 목표를 세우고 달성한 경험, 팀원들과 공동의 목표를 세우고 협업을 통해 달성한 경험, 직무를 위해 노력한 점

답변 틀

첫 문장	저는 ○○이라는 목표를 세우고 달성한 경험이 있습니다.
경험	~한 상황에서 ~를 통해 ~를 한 경험이 있습니다.
마무리	이를 통해 ~를 배울 수 있었습니다. 앞으로 ~를 발휘해 ~를 하겠습니다.

 목표를 세우고 달성한 경험 답변 사례 (p.54 강점답변 돌려막기)

회계법인 인턴 수행 시, 세금 납부율 90%라는 목표를 세우고 달성한 경험이 있습니다. 이러한 목표를 달성할 수 있었던 비결은 '의사소통 방식'이었습니다. 금전적인 내용을 전하기에 앞서 고객님들과 친밀감을 먼저 쌓았고, 바쁜 자영업자 고객님들께서 세금 납부에 신경쓰기 어려운 상황을 공감하며 분위기를 풀어나갔습니다. 그리고 세금 납부 설명은 꼭 필요한 부분만 요약하여 쉽게 전달한 결과 목표를 달성할 수 있었습니다.
이를 통해서 스스로 목표의식을 가지고 임하는 태도가 업무성과를 높인다는 것을 배웠습니다.

살면서 창의력을 발휘한 경험

우리 모두가 에디슨이 될 수는 없다. '창의력'이란 단어를 '발명', '획기적인 아이디어', '무에서 유를 창조'와 같은 의미로 접근한다면, 선뜻 관련 경험을 말하기 어렵다.

창의 = 무(無)에서 유(有)가 아닌, 유(有)를 좀 더 좋은 유(有)로

한마디로 세상에 없던 것을 발명한 이야기가 아니라, 있던 것을 더 좋게 개선하고 발전시킨 경험을 찾아보자는 말이다. 학생회를 하면서 기존의 방식을 답습하지 않고 새로운 행사를 기획했거나 다른 학과와의 협업을 시도했던 일, 축제 홍보 방식을 바꾼 일, 학회 진행 방식을 바꾼 일, 교육봉사, 멘토링을 새로운 환경에서 시도한 일 등 다양한 소재가 가능하다.

혹은 아르바이트를 하면서 수기로 작성하던 문서 작업을 디지털화한 일, 새로운 업체와 협업해 WIN-WIN을 노린 일, 잘 팔리는 메뉴를 묶어 세트상품으로 만든 일 등 창의의 영역은 매우 넓다.

앞서 성향편에서 '새로움을 추구하는 성향'이든 '정확성을 추구하는 성향'이든 누구나 각자의 창의로 아이디어를 낼 수 있다는 것을 확인했다. 그러니 "난 창의와 거리가 멀어"라고 단정짓지 말고, 내 나름의 작은 아이디어로 도움이 되었던 경험을 생각해 보자.

질문의 의도 재해석	• 좀 더 좋은 결과를 내기 위해 새로운 방식을 도입했던 경험이 있는가? • 남다른 관점으로 바라보고 문제를 해결한 경험이 있는가?
소재	• 기존의 관례를 그대로 따른 것이 아닌, 방법을 바꿔본 일 • 업무의 효율성을 높이기 위해 새로운 프로세스를 도입한 일 • 작은 아이디어를 내서 채택된 일
구성 시 POINT	• 어떤 의미에서 창의적인지 기존과의 비교가 분명히 드러나도록 • 창의적인 시도 덕분에 결과가 어땠는지 기술 • 내가 생각하는 '창의'의 의미, 앞으로의 적용점 살리기
돌려막기 가능 질문	문제를 개선한 경험, 새로운 방식으로 문제를 해결한 경험, 조직의 문제를 창의적으로 해결한 경험, 디지털 마인드를 발휘한 경험, 고객 컴플레인을 창의력을 발휘해 해결한 경험

답변 틀

첫 문장	○○으로 창의력을 발휘한 경험이 있습니다. ~으로 ~에 도움이 된 경험이 있습니다.
경험	~한 상황에서 ~를 생각해 ~를 한 경험이 있습니다.
마무리	이를 통해 ~를 배웠습니다. 앞으로 ~를 발휘해 ~를 하겠습니다.

창의력을 발휘한 경험 답변 사례 (p.85 강점답변 돌려막기)

근무했던 레스토랑의 약점을 강점으로 승화해 매출 향상을 이끈 경험이 있습니다.
당시 레스토랑이 외진 곳의 꼭대기층에 위치해 방문자가 적다는 문제점이 있었습니다.
저는 오히려 '뷰가 좋아 인생샷 건지는 곳', '소개팅하기 좋은 장소'라는 콘셉트를 내세웠습니다. 주 고객층인 여성들이 직접 SNS에 올려 홍보하게끔 유도한 결과, 주말에는 웨이팅이 필요할 만큼 매출이 향상했습니다.
앞으로도 약점과 위기마저도 긍정적으로 활용하는 창의적인 관점으로 매출 향상과 조직 성장에 기여하겠습니다.

갈등을 겪고 해소한 경험

둘 이상의 사람이 모여 함께 공동의 목표를 이뤄가는 과정이 늘 평화로울 수는 없다. 하다못해 단기 팀 프로젝트를 하면서도 많은 우여곡절이 있지 않은가.

갈등 = 여럿이 함께 하는 과정에서의 우여곡절

만약 이 질문에 '그런 적이 없다'고 말한다면? 면접관은 둘 중 하나라고 생각할 것이다. 지원자가 거짓말을 하고 있거나, 혹은 직장생활을 하며 여러 갈등 상황을 마주할 때 유연하게 풀어나갈 준비가 되어 있지 않은 사람이거나. 갈등을 겪고 해소한 경험을 내 방식대로 잘 대답한다면, 오히려 협업 과정에서 발생할 수 있는 여러 상황을 슬기롭게 헤쳐나갈 지원자로 보일 수 있다.

여기서 주의해야 할 점이 있다. 경험을 풀어내는 데 집중한 나머지, 갈등의 정도나 상황을 필요 이상 자세히 설명하거나 팀워크가 얼마나 위기를 맞았는지를 길게 설명하는 경우가 있다. 중요한 것은 갈등을 해소하기 위한 나의 노력이다. 갈등을 해소하는 방식은 다 다르며, 여기에서 내 성향과 강점이 드러난다. 누군가는 무책임한 팀원이 왜 팀 활동 참여를 소홀히 하는지 잘 들어본 뒤 역할 재조정, 모임 시간 변경 등 논리적인 방식으로 해결한다. 혹은 곁에서 도와주거나 다른 팀원들의 도움과 이해를 구하는 등 이타주의적으로 해결하는 사람도 있다. 또한 팀원들과 주제를 선정하는 과정에서 이견이 좁혀지지 않아 갈등이 빚어진 경우 누군가는 양보와 타협으로, 누군가는 이를 절충한 제3의 대안으로 해결할 수 있다. '대화로 원만히 해결했다'는 식의 다급한 해피엔딩은 설득력이 떨어진다. 과정에서 디테일한 행동을 잘 살려서, 갈등 자체가 아닌 지혜로운 나의 대처가 돋보이게끔 구상하는 것이 좋다.

안심Touch

질문의 의도 재해석	• 팀워크는 노력이 뒤따른다는 것을 깨닫게 해준 경험이 있는가? • 협업과정에서 문제를 해결하는 나의 면모를 보여줄 만한 경험이 있는가?
소재	• 주제 선정 과정에서 이견을 보여 절충한 일 • 소수의 특정 팀원으로 인해 불화가 생겼으나 잘 해결한 일 • 난관으로 인해 팀원들의 사기가 저하되었으나 잘 이끌어 극복한 일
구성 시 POINT	• 상황 설명이 길어져 갈등 자체에만 포커스가 맞춰지지 않도록 • 갈등을 해소하는 나만의 방식이 포인트가 되도록 • 이 과정에서 느낀 점, 앞으로 팀 활동에서 어떻게 적용할 것인지 담기
돌려막기 가능 질문	팀워크를 발휘한 경험, 팀에서 문제를 해결한 경험, 팀 안에서 갈등이 있었던 경험, 갈등을 해결하는 방식이 무엇인가, 팀 안에서 문제가 생기면 어떻게 하는가, 비협조적인 팀원을 이끌었던 경험, 평소 인간관계 갈등 해결 방법

답변 틀

첫 문장	~한 상황에서 ~로 해결한 경험이 있습니다.
경험	~를 진행하며 ~의 문제로 어려움을 겪었지만 ~한 노력으로 ~한 경험이 있습니다.
마무리	이를 통해 ~를 배울 수 있었습니다. 앞으로 ~을 발휘하여 ~하겠습니다.

 갈등을 겪고 해소한 경험 답변 사례 (p.119 강점답변 돌려막기)

스마트 물류 전문가 과정 당시 갈등 상황에 대안을 제시하는 태도로 해결한 경험이 있습니다. 당시 팀별 발표 미션 수행 방식에 대한 이견이 발생했습니다. 발표를 수행하기만 하면 패스를 받을 수 있으니 단순하게 하자는 의견과 이해도를 높인다는 목적성을 고려해 현직 종사자 인터뷰를 하자는 의견으로 나뉘었습니다.

저는 한쪽을 설득하기보다는 양측의 의견을 종합하여 빠르고 효율적으로 이해도를 높일 수 있는 '서면 인터뷰'를 제안했습니다. 팀원들과 고심하여 질문리스트를 작성해 성공적으로 인터뷰를 수행했고, 완성도 높은 팀 발표를 할 수 있었습니다.

이 과정에서 팀원 간 이견이 발생하더라도 모두가 만족할 만한 대안으로 충분히 해결할 수 있음을 배웠습니다.

가치관 시리즈 ✒️

한 사람을 판단함에 있어 역량, 자질도 중요하지만 '가치관'이 정말 중요하다. 친구 사이, 남녀 사이에서도 가치관이 다르면 오랫동안 관계를 지속하기 어렵다. 직장생활도 마찬가지다. 물론 사람마다 가지고 있는 가치관이 각기 다르고, 한 회사 구성원들이 모두 같은 가치관을 가지고 있을 수는 없다. 하지만 최소한 인생, 직업, 대인관계, 의사소통 등에 대한 가치관을 들어보면 함께 같은 목표를 향해 나아가는 데 무리가 없는 사람일지 판단이 가능하다.

잘 표현된 가치관도 강점이 될 수 있다. 지원자들은 본인의 유능함만을 어필하려고 하지만, 면접관은 그뿐 아니라 어떤 생각과 사상을 가진 사람인지도 궁금해 한다. 따라서 여러 영역에 있어 나만의 가치관을 형성하고, 이것이 잘 전달되도록 표현하는 법을 고민한다면 또 다른 강점답변이 될 수 있다.

면접 수업을 하다 보면 많은 지원자들이 자신의 생각을 정리해서 표현하는 데 어려움을 느낀다. 특히 그동안 깊이 생각해 본 적이 없는 경우가 많다. 실제로 "좌우명 같은 거 없는데요"라거나, "인생에서 가장 중요한 가치, 잘 모르겠어요"와 같은 말을 생각보다 많이 들었다. 누군가 물어봐 준 적이 없기에 생각해 본 적도 없고 생각할 필요성도 느끼지 못했을 수 있다.

하지만 지금까지 계속 강조한 것! 우리의 과거 행적을 살펴보면 답이 있다. 슬로건처럼 만들어진 한 문장짜리 좌우명이 없었을 뿐, 은연 중에 공통적으로 추구해 온 가치가 있다.

생각나는 대로 말하는 사람과 나에 대해 깊이 들여다본 사람의 답변은 다를 수밖에 없다. 이번 '가치관 시리즈' 질문을 통해 각 영역별 자신의 가치관을 하나씩 정립해 보고, 관련 경험을 곁들여 하나의 완성도 있는 답변을 만들어가자. 아마 여러 답변에 요긴하게 쓰일 것이다. 내 가치관은 여러 행동과 경험 속에 묻어나기 마련이다.

❶ 내 생각을 한 문장으로 일목요연하게 정리하는 것을 습관화하기
❷ 무조건 좋은 말이 아닌, 내 경험에서 우러나온 생각을 담기
❸ 가치관을 어떻게 실천해 왔는지 경험으로 입증하기

인생에서 중요하게 생각하는 가치

가치에 대한 질문을 듣고 누구나 쉽게 떠올리는 단어들이 있다. 바로 행복, 건강, 가족, 나눔, 배려이다. 중요한 가치임에는 분명하지만, 지원자들 사이에서 꾸준히 언급된 만큼 진부하게 느껴질 가능성이 크다. 하지만 만약 이 중 하나가 본인이 정말 중요하게 생각해 왔던 가치라면 소신 있게 말하면 된다. '단어 쪼개기'에서 언급했듯이, 표현 자체를 디테일하게 해서 진부하게 들리지 않도록 한다.

가치 = 작게나마 꾸준히 실천해 온 것

우리는 수많은 가치를 추구하며 산다. 이 질문의 목적은 인생의 심오한 가치를 논하자는 것이 아니라, 지원자가 어떤 사람인가를 판단하기 위한 것이다. 결국 이 질문을 통해 나란 사람을 표현해야 한다. 내 과거 속에서 공통적으로 발견될 수 있는 가치가 무엇인지 생각해 보고 이를 압축해서 표현할 때 나의 강점이 고스란히 전달될 수 있다.

그동안 나를 깊이 들여다본 적이 없는 취준생들을 위해 면접 답변으로 사용할 만한 '가치 단어'를 한데 모아봤다. 막상 생각을 표현하자니 마땅한 단어가 떠오르지 않아 애를 먹는 경우를 종종 봤다. 꼭 이 중에서 골라야 하는 것은 아니지만, 단어를 살펴보다 보면 힌트를 얻을 수도 있다. 적합한 한 단어를 고르려고 하지 말고, 하나의 슬로건처럼 표현해도 좋다. 예를 들어 '내가 가진 지식과 역량으로 누군가에게 도움이 되자', '현실에 안주하지 않고 매일 조금씩 성장하는 삶을 사는 것'과 같이 함축적인 문장을 활용한다면 더 와닿는 표현이 가능하다.

가치 단어

성장, 배움, 나눔, 상생, 신뢰, 정직, 헌신, 도전, 포용, 성취, 경험, 긍정, 조화, 존중, 변화, 끈기, 소속감, 공동체의식, 관계, 공헌, 목표의식, 근면, 도덕성, 봉사, 창의, 국가에 이바지, 세상을 이롭게, 공공의 이익을 도모하는, 윤리적인, 영향력을 발휘하는, 타인의 성장을 돕는, 일과 삶의 균형

질문의 의도 재해석	• 그동안 일정하게 추구해 온 가치가 무엇인가? • 나란 사람을 표현할 수 있는 특정한 생각이 무엇인가?
소재	• 인생의 방향성을 보여주는 단어나 문장 찾아보기 • 이를 조금이라도 실현했던 경험 • 혹은 이러한 가치관을 형성하게 된 계기가 된 경험
구성 시 POINT	• 단어를 제시한다면 조금은 낯설게, 혹은 문장으로 정리해 첫 문장에 제시 • 우연히 읽은 책의 글귀가 와닿다는 식의 단편적인 설명보다는, 실질적으로 실 천했던 경험으로 진정성 높이기
돌려막기 가능 질문	좌우명이 무엇인가, 인생의 목표가 무엇인가, 인생에서 가장 중요한 것, 부모님 으로부터 가장 큰 영향을 받은 것, 존경하는 사람, 롤모델, 돈을 버는 이유, 직업 을 선택하는 자신만의 기준, 회사를 선택하는 자신만의 기준

답변 틀

첫 문장	제가 가장 중요하게 생각하는 가치는 ○○입니다. / 저는 "○○하는 삶을 살자" 라는 가치관을 가지고 있습니다.
경험/계기	~한 상황에서 ~를 통해 ~한 경험이 있습니다. ~한 상황에서 ~를 계기로 ~한 가치관을 형성할 수 있었습니다.
마무리	앞으로도 ~의 태도/생각으로 ~하겠습니다.

 인생에서 중요하게 생각하는 가치 답변 사례

'일상의 성실함이 성장으로 이어진다'는 저만의 신조가 있습니다.
이를 바탕으로 일과 학교 수업, 취업 준비 3가지를 병행해 목표를 이룬 적이 있습니다.
공공기관 사무지원으로 9시부터 6시까지 근무하고 퇴근 후 목표한 어학 공부를 하며 학
교 수업을 수강했습니다. 그 결과 회사 계약 종료 시점에 목표한 학점과 어학 성적을 모
두 달성할 수 있었습니다.
앞으로도 큰 성과는 매일의 꾸준함과 성실함이 만든다는 신조를 이어나가며 하루하루 한
결 같은 태도로 임하고자 합니다.

회사를 선택할 때 중요한 기준

취업 준비를 하다 보면 나도 모르게 좋은 회사는 나를 뽑아주는 회사라는 생각이 마음속에 자리잡고는 한다. 내가 회사를 선택하는 것이 아닌 회사가 나를 선택한다는 마음가짐은 어떤 회사든 괜찮다는 태도로 비춰질 수 있다. 회사 입장에서 꼭 우리 회사가 아니어도 되는 직원을 채용할 리 없다. 아무리 취업이 어렵다고 하더라도, 자신만의 기준과 가치에 따라 회사를 선택하고 소신껏 지원하기를 바란다.

직장생활의 경험이 없는 신입이라도 작든 크든 조직에 속했던 경험을 바탕으로 자신이 중요하게 생각하는 바를 정리해 보면 된다. 아르바이트를 하면서 조직에 따라 내 마음가짐이나 업무 발휘 정도가 달라진다는 것을 느낀 경험이 있을 것이다. 내 일꾼의 면모가 가장 극대화될 수 있는 곳, 지금까지 경험했던 가장 최적화된 근무 환경을 떠올려 보고, 조직을 선택할 때 또는 조직에서 만족을 느끼는 기준이 무엇인지 생각해 보자. 체계와 규칙이 잘 세워진 곳에서 이를 따르면서 업무를 수행하는 것이 잘 맞는 사람이 있고, 업계 최고의 회사인지 자긍심을 가지고 일할 수 있는 회사인지가 중요한 사람도 있고, 내가 속한 조직이 어떤 비전을 가졌는지를 중시하는 사람도 있다.

한마디로, 회사 선택의 기준은 내 안의 '일잘러'가 '열일'하기 좋은 환경이다.

질문의 의도 재해석	• 어떤 회사에서 일을 열심히 잘할 수 있을 것이라 생각하는가? • 많은 회사 중 우리 회사를 어떤 점에서 좋게 보고 지원했는가?
소재	• 아르바이트를 했던 곳 중 나와 '케미'가 잘 맞았던 환경 생각해 보기 • 내 성향을 고려했을 때 가장 들어맞는 조직 생각해 보기 • 지금 지원하려는 회사가 어떤 점에서 끌렸는지 요인 분석해 보기
구성 시 POINT	• 복지, 연봉 등은 자칫하면 회사의 혜택만을 누리려는 인상을 주고 일꾼의 면 모가 가려질 수 있음 • 한 줄이라도 경험을 추가하여 진정성 높이기
돌려막기 가능 질문	회사 지원동기, 왜 우리 회사에 입사하고 싶은가, 어떤 회사가 좋은 회사인가, 바람직한 기업이란

답변 틀

첫 문장	회사를 선택할 때 중요한 기준은 ○○입니다. / 제가 ○○을 느끼며 일할 수 있는 곳인지를 중요하게 생각합니다.
경험/계기	~에서 근무하며 ~의 상황에서 ~를 느낀 경험이 있습니다. ~에서 ~한 계기로, ~의 기준을 형성할 수 있었습니다.
마무리	앞으로 ○○에서도 ~를 해나가고자 합니다.

회사 선택의 기준 답변 사례

제 회사 선택의 기준은, '지속적인 성장'입니다.
이전에 근무했던 곳에서는 매년 신제품이 출시되었습니다. 신제품이 나오면 교육을 받은
후 따로 공부를 하는 과정에서 저 역시 발전함을 느꼈고, 고객님께 더 자신 있게 추천할
수 있었습니다.
제가 ○○제약 입사를 희망한 이유도 ○○과 같이 꾸준한 신약 개발을 통해 성장해 나가
는 회사라는 점 때문이었습니다.
저 또한 ○○제약의 일원으로서 더욱 전문성을 쌓기 위해 노력하며 함께 성장해 나가고
자 지원하였습니다.

직장생활에서 중요한 것은?

기획자, 광고인, 마케터, 영업인, 연구원, PD, 아나운서, 승무원 같은 직업은 일반적인 직종과 달라 보이지만, 이들도 결국 '직장인'이다.

아무리 천부적인 역량을 갖추었다고 하더라도 직장인으로서의 역할을 충실히 하지 않는다면 인정받기 어렵다. 직장인은 출퇴근 시간부터 그 외 다양한 사내 규정을 준수하는 것을 시작으로 조직의 비전과 방향성을 이해하고 함께 성과를 만들어 나갈 의무가 있으며, 그 과정에서 상사의 지시, 동료, 유관 부서와의 협업을 원활히 이행하여야 한다.

많은 이들이 퇴사를 마음에 품고 살아가는 이유는, 그 직장인의 역할이 녹록치 않기 때문이기도 하다. 개인의 의견보다는 공동의 목표를 우선시해야 하고, 하고 싶은 일만 맡을 수 있는 것은 아니며, 맡은 일은 '열심히', 그리고 '잘' 해내야 하는 것이 직장생활이다. 지금이야 '제발 취업만 시켜줬으면' 하는 절실한 마음이지만, 막상 입사 첫날부터 시작되는 고난의 여정 앞에 언제 그랬냐는듯 퇴사를 꿈꾸게 될지도 모른다.

직장생활을 어떻게 잘할 수 있을까? 앞으로 몇 십 년간 해야 할 직장생활에서 무엇이 중요한지 진지하게 고민하는 시간이 필요하다. 직장생활을 경험하지 못했더라도 인턴이나 아르바이트 경험을 통해 겪었던 사회생활을 돌아보고, 느꼈던 점을 되짚어볼 필요가 있다. 거창한 대답을 요구하는 것이 아니다. 신입사원으로서 어떤 마음가짐과 노력으로 회사에 도움이 되는 일원이 될 것인지를 진정성 있게 전달한다면 면접관에게 와닿을 수 있다. 직장생활을 하는 데 있어 신입사원으로서 갖춰야 할 마인드와 자질, 역량을 정리해 보자.

질문의 의도 재해석	직장생활은 학교가 아니다. 신입사원으로서 사회생활을 해나가는 데 있어 '이것만큼은 없어서는 안 된다' 하는 자질이나 자세가 무엇일까?
소재	• 인턴을 통해 직장생활을 경험하면서 이건 정말 필요하다고 느낀 것 • 아르바이트, 조교 등 사회생활을 하면서 느낀 것 생각해 보기
구성 시 POINT	• 당연한 이야기로 들리지 않도록 경험을 곁들여서 말하기 • 너무 고차원적인 이야기보다는 신입사원으로서 할 법한 내용이 더 좋음 • 지나치게 현실적이거나 부정적인 관점이 아닌 긍정적이고 회사에 도움이 되는 방향으로 생각하기
돌려막기 가능 질문	조직생활을 잘하기 위해 꼭 갖추어야 할 덕목, 직장인의 덕목, 신입사원에게 필요한 자세

답변 틀

첫 문장	직장생활에서는 ○○이 중요하다고 생각합니다.
경험	~에서 일하며 ~의 중요성을 느낀 경험이 있습니다.
마무리	앞으로 ○○을 더욱 발휘하여 ~해나가겠습니다.

직장생활에서 중요한 것 답변 사례

직장생활에 있어, 책임감 있는 자세가 정말 중요하다고 생각합니다.
한국산업인력공단에서 인턴으로 근무할 당시, 중소기업과 대학생을 연결하는 정부 사업을 서포트한 경험이 있습니다. 저는 할당량을 채우는 것도 중요하지만, 신뢰를 드리는 태도로 접근한다면 자연스럽게 할당량이 채워질 것이라 생각했습니다. 사업 자료를 완벽히 숙지하고 직접 대본을 만들어 준비된 톤으로 말하고자 했습니다.
덕분에 가장 많은 양을 달성함과 동시에 인턴 교육 자료로 쓰이는 것을 보면서 책임감 있는 자세가 조직원으로서의 신뢰로 이어짐을 느낄 수 있었습니다.

인간관계에서 중요한 것은?

인간관계에서 중요한 것이라는 말은, 달리 말하면 인간관계 유지를 위해 신경써야 하는 점을 말한다. 아래의 두 답변을 한번 살펴보자.

"인간관계에서 중요한 것은 배려입니다. 서로의 입장에서 생각하고 때로는 맞춰 나가는 배려가 중요하다고 생각합니다. 서로를 조금씩 배려할 때 그 관계가 더욱 돈독해짐을 느낍니다. 앞으로 인간관계에 있어 서로를 존중하고 배려하는 자세를 실천하고자 합니다."

"인간관계에서 중요한 것은 배려입니다. 학생회 구성원들과 1년 넘게 협업하면서 작은 배려가 중요하다는 것을 깨달았습니다. 각자 생각과 의견, 가치관이 다르기 때문에 의견을 주고받을 때의 작은 말 한마디. 모임 시 지각하지 않는 태도 등 사소한 부분까지 배려해야 신뢰가 쌓임을 느꼈습니다. 앞으로 인간관계에 있어 작은 부분에서도 배려하는 태도를 실천하겠습니다."

자, 두 사람 중 어떤 사람이 인간관계를 더 잘해 나갈 사람으로 보이는가? 물론, 둘 다 맞는 말을 했다. 다만, 자신이 느낀 점을 얼마나 진솔하게 표현하려고 했느냐에서 차이가 느껴진다.

첫 번째 대답이 틀린 말은 아니지만 뜬구름 잡는 느낌이 드는 이유는 자신의 경험이 없기 때문이다. 인간관계에 대한 여러 중요한 관념이 아니라, 각자의 삶에서 느낀 인간관계의 중요성에 대해 느낀 경험을 곁들여 말하는 것이 좋다.

여기서 팁을 하나 더하자면, '인간관계는 쉽지 않다'라는 관점에서 답변할 수도 있다. '나는 인간관계에 있어 어려움이 없다'는 것보다 '쉽지 않은 인간관계지만, 난 노력해 나갈 사람이다' 식의 접근이 훨씬 현실성 있고 신중해 보인다.

질문의 의도 재해석	• 경험상, 인간관계에서 중요한 것은? • 인간관계를 지속하기 위해 신경 써야 하는 부분은?
소재	• 평소 대인관계도 좋지만, 팀 내 인간관계에서 느낀 점을 생각해 보기 • 인간관계의 고충, 어려운 면을 먼저 생각해 보기 • 인간관계에서 이것 없으면 끝이다 싶은 것은?
구성 시 POINT	• 추상적인 관념만 늘어놓지 않기 • 경험을 곁들여서 실질적으로 깨달은 인상 주기 • 단어 쪼개기를 통해 나만의 표현 고민해 보기
돌려막기 가능 질문	조직 내 대인관계에서 중요한 점, 인간관계의 어려움을 느낀 경험, 조직 내 대인 관계에서 갈등을 겪은 경험

답변 틀

첫 문장	인간관계에서 중요한 것은 ○○입니다. / ○○하는 자세가 중요하다고 생각합니다.
경험/계기	～의 상황에서 ～를 느낀 경험이 있습니다.
마무리	앞으로도 ～를 중요하게 생각하며 ～하고자 합니다.

인간관계에서 중요한 것 답변 사례

존중하는 자세가 꼭 필요하다고 생각합니다.
중국 교환학생 당시 다양한 국적의 학생들과 같이 기숙사 생활을 했습니다. 잠자는 시간
은 물론 생활 습관 하나부터 열까지 모두 달랐습니다. '맞고 틀리다'의 판단이 아닌, 우선
'존중하는 자세'만이 맞춰 나갈 수 있는 열쇠였습니다. 이 경험을 통해 어떤 환경, 가치관
의 사람도 수용할 수 있는 폭이 넓어졌다고 생각합니다.
앞으로 저와 다른 성향의 사람도 존중하며 배워 나가는 자세로 인간관계의 폭을 넓혀 나
가고자 합니다.

만약에 시리즈 ✒️

상황가정형 질문, 즉 미래에 벌어질 상황을 가정하고 묻는 질문이다. '만약 상사가 부당한 지시를 내린다면?', '동료와의 갈등이 생긴다면?' 등 피하고 싶지만 직장생활을 하면서 충분히 발생할 수 있는 상황을 가정한 질문을 통해 면접자의 자질을 살펴보는 것이다.

우리는 단순한 추측성 답변이 아닌, 강점을 살린 답변으로 차별화할 것이다. 상사와의 갈등은 겪어보지 않았어도 학창 시절, 아르바이트, 인턴 등의 경험을 통해 많은 선배, 사수, 사장님, 매니저님을 겪어봤다. 과거 행적을 곰곰이 생각해 보면 비슷한 상황들이 있었다. 그때 어떻게 행동했는지, 무슨 생각을 했는지 돌아보면 그 상황에 잘 대처했던 나의 강점을 발견할 수 있을 것이다.

가정의 상황을 묻는 질문에 이전 경험까지 끄집어내 대답해야 하는지 궁금할 수 있다. 반드시 그래야만 하는 것은 아니지만 막연한 상식을 이야기하는 것보다 직접 겪었던 관련 경험을 기반으로 느낀 점, 생각하는 점을 이야기할 때 훨씬 설득력이 높아진다.

막연한 규범과 상식은 진정성을 주기 어렵다. 그리고 그 규범과 상식 선에서의 대답은 대체로 비슷하기 때문에 변별력을 갖기 어렵다. 내 과거의 깨달음, 과거의 행동이 내 답변의 진정성을 높여주고, 내 강점 설명이 동반되어 변별력을 더욱 높여준다.

그리고 조금 더 들여다보면 갈등, 부당한 지시도 상황별로 쪼개질 수 있다. 거기에 맞게 대처하는 방식도 다 달라진다. 예를 들어, '상사가 나랑 안 맞는다면?'이라는 질문을 생각해 보자. 안 맞는다는 것이 뭐가 안 맞는 것인지, 얼마나 안 맞는 것인지에 따라 달라지지 않을까? 교과서적인 답변을 늘어놓는 사람과 면접관이 던져준 상황을 진지하게 고민해 보고 현실적으로 어떤 태도와 행동을 취해야 할지 신중하게 답변하는 사람이 주는 신뢰감은 차원이 다를 것이다.

안심Touch

❶ 만약에 시리즈의 핵심은 '진정성'
❷ 순간 예측이 아니라 과거의 유사 상황 떠올려 보기
❸ 여러 상황을 쪼개어 생각해 보기

만약에 일이 적성에 맞지 않는다면?

면접은 적재적소의 필요한 말로 내 취업의 당위성을 높이는 과정이다. 이 상황에서 '평생 직장은 없기에 진지하게 고려한다', '1년만 채운다', '퇴근 후 여가생활로 스트레스를 푼다' 등과 같은 답변은 적합하지 않다는 것을 본능적으로 알 것이다.

이 질문을 달리 해석해 보면 "만약 일이 적성에 맞지 않는다고 느껴진다면 어떤 방식으로 이 문제를 해결할 것인가?(우리 회사에서)"이다. 즉, 한마디로 "어떻게 맞춰나갈 것인가"이다.

이런 일은 생각보다 비일비재하다. 사실상, '만약에 시리즈' 질문 자체가 실제 업무 현장에서 많이 발생하는 상황을 가정하는 경우가 많다. 직업과 적성에 대한 고민은 다들 살면서 한번쯤 맞닥뜨리게 된다.

신중하고 책임감 강한 성향의 사람들은 일이 적성에 안 맞게 느껴진다 하더라도 빠르게 판단하기보다는 스스로의 미숙함이라고 생각하고 더 노력해 보지 않을까 싶다. 이성적으로 판단하는 사람들은 모든 직업이 100% 적성에 맞을 수는 없다는 것을 인정하고, 어떤 부분이 적성에 안 맞는지를 냉철히 돌아보고 해결책을 찾을 것이다.

적응이 힘들었던 대학시절 전공이나 아르바이트 업무에 익숙해지기 위해 노력했던 경험이 있다면 덧붙여도 좋다. 막연하게 열심히 노력하겠다고 말할 때보다 훨씬 설득력이 높아질 것이다.

질문의 의도 재해석	• 만약 일이 적성에 안 맞는다면, 어떻게 이를 해결할 것인가? • 일이 적성에 맞지 않는다고 느껴지는 부분을 해결하기 위한 실질적 노력
소재	• 안 맞는 전공, 아르바이트 업무 등을 노력으로 능숙하게 만든 일 • 적성에 대한 본인의 가치관, 직업관 • 업무 적응을 위한 실질적인 행동 위주의 계획
구성 시 POINT	• 퇴근 후 여가생활, 이직 등 본질적이지 않은 내용은 언급하지 않기 • 적성에 안 맞을 리 없다는 식의 우기는 답변 지양 • 지난 경험과 실질적인 계획의 균형을 잘 맞춰 이야기하기
돌려막기 가능 질문	만약에 입사 후 일이 너무 힘들면 어떻게 할 것인가, 내가 생각했던 직무와 다르다면 어떻게 할 것인가, 내가 잘하지 못하는 일을 시킨다면 어떻게 할 것인가

답변 틀

첫 문장	~라는 생각으로 임하겠습니다. ~이기에, ~해보겠습니다.
경험	~한 상황에서 ~했던 유사한 경험이 있습니다. ~를 통해 ~를 배울 수 있었습니다.
마무리	앞으로 회사생활을 할 때에도 ~해보겠습니다.

 일이 적성에 맞지 않는다면 답변 사례

적성에 맞지 않는다고 단정짓기보다는, 미숙함을 채우기 위해 노력하겠습니다.
입사 직후 적성에 맞는지 안 맞는지를 논할 단계는 아니라고 생각합니다. 초반에는 제 미숙함 때문에 그렇게 느껴질 수 있지만, 이는 노력으로 극복 가능한 부분입니다.
이전 사무보조 당시 카드사 혜택을 비교해 정리하는 업무가 처음에는 어렵게 느껴졌지만, 홈페이지를 샅샅이 찾아 정리하고 지인들에게 물어가며 성공적으로 수행한 경험이 있습니다.
앞으로 입사가 끝이 아닌 시작이라는 마음으로 더욱 공부하며 발전해 나가겠습니다.

만약에 상사가 부당한 지시를 한다면?

이 질문은 적절한 답을 찾기도 어렵고, 자칫 잘못 대답하면 분위기가 무거워질 수 있다. '왜 이런 지시를 내리시는 것인지 여쭤 보겠습니다', '더 윗분에게 말씀드리겠습니다'라는 식의 답변을 많이 하지만 자칫 잘못 전달되면 사내 분위기를 흐리는 사람, 내부고발자 같은 인상을 줄 수가 있다. 현실적으로 이런 상황이 오면 위의 말처럼 행동하기 쉽지 않은 것도 사실이다.

우리가 실제 이 상황에 닥친다면, 어떤 부당한 지시인가에 따라 다르게 행동하지 않을까? 앞서 말한 '상황 쪼개기'가 필요한 시점이다. 내가 어느 부당함까지는 감수할 의지가 있는지를 알려주면 된다. 이러한 접근을 잘 못하는 이유는, '부당한 지시에 따르거나 혹은 따르지 않거나'처럼 '모 아니면 도' 식의 판단을 하기 때문이다. 하지만 우리의 생각과 행동은 상황에 따라 다양하게 나뉠 수 있다는 것을 잊지 말자.

성향상 팔로우십이 있는 사람들은 웬만한 지시에는 잘 따르려 할 것이다. 예를 들어, 개인적인 업무나 과도한(원래 담당 업무가 아닌) 업무 지시는 부당하다고 느끼지 않는 사람도 있을 수 있다. 하지만 원칙에 크게 어긋나거나 회사 이미지에 타격을 줄 수 있는 지시는 무조건적으로 따르기에는 무리가 있다. 이처럼 상황을 잘 들여다보고 분류해서 답변하는 것도 방법이다.

질문의 의도 재해석	회사생활을 하다 보면 부당하다 느껴지는 순간도 많을 텐데 어떻게 판단하고 처신할 것인가?
소재	• 회사생활을 하는 데 있어 가져야 할 마음가짐 • '부당함'에 대한 내 기준 • 모두에게 피해가 가지 않는 선에서 내릴 내 선택과 행동
구성 시 POINT	• 웬만하면 지시에 따르지 않을 사람이 아닌, 따를 사람으로 느껴지도록 • 기본적으로 상사에 대한 존중이 밑바탕이 되어 있다는 생각이 들도록 • 내 입장보다는 상사, 회사의 입장을 동시에 고려할 줄 아는 사람으로 보이도록
돌려막기 가능 질문	만약에 상사가 원칙에 어긋난 지시를 내린다면 어떻게 할 것인가, 만약에 상사 가 나만 괴롭힌다면 어떻게 할 것인가

답변 틀

첫 문장	~라는 생각으로 임하겠습니다. ~이기에, ~해보겠습니다.
경험	저 또한 ~한 상황에서 유사한 경험이 있습니다. ~라면 ~하여 ~하게 해보겠습니다.
마무리	~를 고려하여 ~하겠습니다.

상사가 부당한 지시를 한다면 답변 사례

상사가 지시를 내리신 데에는 그럴 만한 이유가 있다고 생각합니다.

만약 개인적인 업무, 과도한 양의 업무라면 부당하다 느끼기보다는 최대한 수행하겠습니다. 다만, 회사 이미지에 악영향을 줄 수도 있는 지시라면 큰 고민이 될 것 같습니다.

제 경험상 바로 제 의견을 말씀드리는 것보다는 최대한 원칙, 사내규정 등을 알아보고 상사께서 언짢으시지 않도록 조심스럽게 의견을 여쭈는 것이 좋을 것 같습니다.

만약에 고객이 무리한 요구를 한다면?

아르바이트만 해봐도 이런 상황은 흔한 일이다. '일잘러'들은 그동안 쌓아온 내공을 유감없이 발휘해야 할 때다. 그런데 아르바이트를 해본 사람이 나뿐은 아닐 텐데, 그렇다면 할 수 있는 이야기가 뻔한 것 아닌가. 고객의 이야기를 경청하고 무리한 요구일 경우 정중히 어려운 이유를 말씀드린다는 답변 정도는 누구나 할 것 같은데.

맞다. 나만의 고객응대 스타일을 녹여야 한다. 고객의 여러 요구를 대하는 직원의 자세는 천차만별이다. 내가 서비스 현장에서 느낀 무리한 요구에 대한 대처법, 무리한 요구를 하는 고객의 속마음, 내가 갖고 있는 서비스 마인드 등을 잘 녹인다면 뻔하지 않은 대답을 할 수 있다.

무리한 요구에 대한 현명한 대처도 강점이 될 수 있고, 아무리 무리한 요구라 하더라도 어떻게든 해결하려는 자세 또한 강점이 될 수 있다. 그리고 경험상 고객에게는 이것이 무리한 요구가 아닐 수 있다고 생각하는 관점이 생겼다면 이 역시 나만의 강점이다. 답변의 나다움을 살릴 수 있는 지점은 생각보다 많다.

"저는 고객응대 경험이 없는데 어떡하죠?" 만약 이런 지원자가 있다면, 본인이 고객 입장에서 느낀 바를 녹여도 좋다. "제가 고객 입장에서 생각할 때 직원의 대처가 매우 중요하다고 생각합니다. 제 요청사항이 온전히 해결되지 않았을 지라도 직원이 어떻게든 도와주려고 노력하는 모습을 보며 만족감을 느꼈던 적이 있습니다." 이런 식으로 본인이 고객 입장으로서 느낀 바를 잘 녹여도 좋은 답변이 될 수 있다.

질문의 의도 재해석	고객이 무리한 요구를 하는 상황이 많을 텐데, 경험상 어떤 대처가 고객에게도 회사에게도 좋을까?
소재	• 서비스 가치관, 서비스 마인드, 고객의 무리한 요구에 대한 생각 • 경험상 깨달은 무리한 요구사항에 현명하게 대처하는 방법 • 고객 입장에서 느낀 직원의 적절한 대처
구성 시 POINT	• 고객의 무리한 요구에 대해 부정적 태도보다는 수용적 태도 강조하기 • 직접 응대했던 경험과 이를 통해 깨달은 바가 있다면 적극 살리기 • 직원의 입장만을 생각하지 않고 고객과 회사의 입장을 생각하는 태도 담기
돌려막기 가능 질문	고객이 원칙에 어긋난 요구를 한다면, 소위 '진상 손님'을 만나게 된다면 어떻게 할 것인가

답변 틀

첫 문장	～라는 생각으로 임하겠습니다. ～이기에, ～해보겠습니다.
경험	～한 상황에서 이와 유사한 경험이 있습니다. 고객의 입장에서 ～를 느꼈습니다.
마무리	앞으로 ～한 상황에서도 ～해보겠습니다.

 고객이 무리한 요구를 한다면 답변 사례

고객이 원하는 바를 해소할 수 있는 다른 방법을 찾겠습니다.
공연장에서 안내원으로 근무하며 관람객들의 무리한 요구에 대처하는 자세를 배웠습니다. 한번은 한 성인 고객께서 어린이용 방석을 요청하신 적이 있습니다. 저는 고객에게 원칙상 안 된다고 말씀드리기 이전에 무대가 잘 안 보이는 불편함을 헤아려 무대가 잘 보일 수 있는 방법을 찾았습니다. 방석은 개수가 많지 않고 어린이들에게 우선적으로 제 공되어야 했기에, 방석 대신 담요를 제공하여 해결해 드린 경험이 있습니다.
앞으로 고객의 요구사항을 무리하다고 판단하기보다는, 무엇을 원하시는지 먼저 귀 기울여 적극적으로 도와드릴 수 있도록 하겠습니다.

만약에 퇴근 전 업무 지시를 받았는데 약속이 있다면?

'일 vs. 개인 일정' 사이에서 어느 것에 비중을 두는지 묻는 질문은 이 밖에도 다양하다. "당연히 일을 선택한다고 해야 하지 않나요?"라고 생각할 수 있다. 문제는 진정성이다. 그래서 간혹 '업무상 중요한 미팅이 생겼는데 그날 저녁에 상견례가 예정되어 있다면?'과 같이 빠져나갈 구멍 없이 치밀하게 짜여진 질문들도 봤다. 보통 상견례를 평일 저녁에 잡지는 않지만, 아무튼 무조건 업무를 선택하겠다고 말하기 애매한 상황이다.

예전에는 '무조건 일! 개인 일정은 뒤로 하고 회사를 선택하겠습니다' 식의 발언이 환영받았을지 몰라도, 그렇게 일만 평생 할 수는 없는 노릇이고 그것만이 능사는 아니다. 또한 요즘 신입사원들은 '워라밸'을 중시하기에, 현실적인 답변을 듣고자 하는 질문일 수도 있다.

무조건 '모 아니면 도' 식의 해결책은 가급적 버리자. '일을 한다 vs. 개인 약속에 간다' 둘 중에 하나를 선택하는 것은 어쩌면 미련한 답변이다. 상황을 빠르게 판단하는 강점이 있는 사람은 이 두 상황의 경중을 신속히 파악해 현명한 해결책을 낼 수 있다. 예를 들어, 상견례와 같이 중요한 일정이라면, 상사에게 전후 상황을 말씀드리고 밤에 다시 들어와서라도 지시사항을 끝내겠다고 말한다면 매정한 상사가 아니고서야 조정을 해줄 수 있을 것이다. 또한 친구와 약속이 있는데 업무가 위중하다는 판단이 든다면 친구에게 영화 한 편 보고 있으라고 표를 끊어주고, 빨리 업무를 처리한 후 달려갈 수도 있는 것이다.

그리고 준비성이 철저하고 치밀한 사람이라면 애초에 퇴근 시간 임박해서 중요한 일정을 잡지 않았을 수 있고, 상견례와 같이 중요한 일정이 잡힌 날에는 상사에게 미리 말씀을 드려 놓거나 미리 도울 일이 없는지 의중을 여쭸을 수 있다. 빠르게 답변하는 데에만 급급하지 말고, 최대한 본인의 성향을 고려하여 어떤 판단을 내릴지 생각해 보자.

질문의 의도 재해석	앞으로 일과 일상의 균형을 잘 맞추는 것이 중요할 텐데, 둘 다 놓치지 않고 잘 해나갈 수 있는 본인만의 방법은?
소재	• '일과 개인의 삶의 균형'에 대한 나의 생각 • 내가 중시하는 가치, 성향 • 모두에게 피해가 가지 않는 선에서 내릴 내 판단의 기준, 행동
구성 시 POINT	• 내가 일에 좀 더 비중을 두는 사람이라면 초반에 살짝 어필하기 • 무조건 일만 강조하면 진정성이 부족하니, 개인 일정도 어떻게 해결할지 센스 있는 방법을 제시하기 • 개인 일정을 먼저 선택하더라도 일을 소홀히 하지 않는 모습을 보여주기
돌려막기 가능 질문	개인의 일정과 업무가 겹쳤다면 어떻게 할 것인가

답변 틀

첫 문장	~라는 생각으로 임하겠습니다. ~이기에, ~해보겠습니다.
경험	~한 업무이기에 ~한 상황이 충분히 있을 것이라 생각합니다. ~의 상황이라면 ~하게 해보겠습니다.
마무리	앞으로도 ~와 같은 생각으로 ~하겠습니다.

 퇴근 전 업무 지시를 받았다면 답변 사례

정말 고민되지만, 업무가 우선이라고 생각합니다.

퇴근 전에 지시를 내리셨다는 것은 그만큼 매우 급하고 위중한 일일 것 같습니다. 친구와의 약속과 같이 양해를 구할 수 있는 상황이라면, 친구가 좋아하는 식당으로 약속 장소를 옮겨 늦은 만큼 거하게 대접하겠습니다.

다음부터는 이를 교훈 삼아 퇴근 시간보다 여유롭게 약속을 잡거나 주말로 잡겠습니다.

만약에 동료와 갈등을 빚게 된다면?

직장인들이 퇴사를 결심하는 이유 중에 일이 힘들어서도 있지만, 직장 내 동료나 상사와의 관계 때문일 때가 많다. 한 공간에서 매일 얼굴을 마주하는 직장 동료와 갈등이 있다면 정말 괴로운 일이다. 불행하게도 이런 일은 생각보다 자주 일어난다. 그렇다 보니 면접 질문으로도 많이 나온다.

때로는 답변의 진정성이 '현실감'에서 나올 때가 있다. 많은 지원자들이 이상적인 답변을 하고자 "동료와의 갈등을 빚게 된다면 제가 적극적으로 나서서 풀겠습니다. 함께 식사 자리를 마련하거나, 커피 한잔을 하며 허심탄회하게 대화를 시도하겠습니다"와 같은 발언을 많이 한다. 물론 이것도 방법이지만, 생각을 깊이 한 느낌이 들지는 않는다.

이 사안에 대한 본인의 접근법과 생각이 중요하다. 참신한 해결 방법을 제시하기 이전에 동료 간의 갈등에 대처하는 자세, 직장 내 인간관계에 대한 내 생각을 먼저 정리해 보는 것이 좋다.

일단, 자신의 경험을 돌아보자. 내가 갈등의 당사자였든, 연루자였든, 직장 동료 간의 불화는 어떤 식으로 해결하는 것이 최선이었는지를 생각해 본다. 적극적인 성향의 사람이라면, "이 갈등을 덮어놓고 있으면 더 오해가 커지고 업무에도 지장을 줄 수 있으니 대화를 시도하겠다"는 답변이 가능하다. 또한 침착하고 신중한 성향의 사람이라면, "무조건적인 대화 시도는 오히려 상대방을 불편하게 할 수 있으니 일단은 업무에 집중하겠다. 하지만 동료 간의 팀워크가 업무 성과에도 영향을 미치는 만큼, 기회를 조심스럽게 만들어 오해가 있는 지점을 풀어보겠다"라고 말할 수 있을 것이다. 내 성향과 경험을 살려 디테일하고도 현실적인 답변을 한다면 진정성은 한층 배가될 것이다.

질문의 의도 재해석	업무만큼이나 직장 내 인간관계도 중요하고 이를 잘 해나가기 쉽지 않다. 피치 못하게 불화가 생길 경우 어떻게 해결할 것인가?
소재	• 직장 내 인간관계에 대한 내 생각 • 동료와의 작은 갈등을 큰 갈등으로 번지기 전에 지혜롭게 해소한 경험 • 누군가와의 갈등에 대처하는 나만의 성향적 강점
구성 시 POINT	• 바로 해결 방법을 제시하기보다 직장 내 관계에 대한 생각을 잘 표현하기 • 경험을 곁들일 경우, 조직 내 갈등 메이커처럼 보이지 않게 하기
돌려막기 가능 질문	나와 안 맞는 동료가 있다면, 갈등을 해결하는 나만의 방법

답변 틀

첫 문장	~라는 생각으로 임하겠습니다. ~이기에, ~해보겠습니다.
경험	경험상 ~를 느꼈습니다. ~한 상황에서 ~했던 유사한 경험이 있습니다.
마무리	앞으로 회사생활을 할 때에도 ~해보겠습니다.

 동료와 갈등을 빚게 된다면 답변 사례

직장 내에서 갈등은 얼마든지 있을 수 있고, 이를 어떻게 해결하느냐가 중요하다고 생각합니다.

저는 적극적인 대화로 오해를 풀어보겠습니다. 경험상, 업무를 하다 보면 입장 차이로 사소한 오해가 생길 수 있다는 것을 느꼈습니다. 이러한 오해는 쉽게 생기지만, 적극적인 대화만 있다면 쉽게 풀리기도 했습니다.

좋은 팀워크가 업무 성과를 높이기에, 갈등이 생기더라도 이를 피하려고 하기보다는 적극적으로 나서서 해결하고, 더 끈끈해지는 계기로 만들어보겠습니다.

STEP 4.
면접 실전, 강점 굳히기
"면접 현장에서 느껴지는 강점이 진짜 강점이다"

"답변이 조금 부족하더라도
호감 가는 태도를 보여준다면,
면접이 끝난 뒤 가장 기억에 남는 지원자가 된다."

태도는 말하지 않아도 느껴지는
내 강점이다

앞선 파트를 통해 나만의 타고난 성향과 소소한 경험을 살려 면접에 합격할 수 있는 합격 답변을 살펴보았다. 이제 면접 준비가 다 되었으니 자신감 있게 면접을 보러 가면 되는 것일까? 아직은 뭔가 부족한 것 같다. 면접 답변을 잘 준비해도 걱정이 앞선다.

"면접관이 과연 나를 그런 사람으로 볼까?"
"나는 어떤 이미지로 보일까?"
"면접에서 표정, 목소리, 자세는 어떻게 해야 하는 것일까?"
"흔히 '면접 프리패스상'이라 말하는 사람들처럼 내가 면접관 모두에게 호감을 줄 수 있을까?"

답변은 잘할 수 있을 것 같지만, 나라는 캐릭터가 좋은 인상을 남길 수 있을지 고민이 된다. 이런 고민을 하는 것은 당연하다. 입실에서 퇴실까지 답변을 하는 시간 외에도 면접관은 수많은 상황에서 지원자가 어떤 태도를 보이는지 평가하기 때문이다. 면접관에게 답변보다 먼저 보여지는 것이 바로 '태도'이다. 보통 면접을 떠올리면 면접관 질문에 어떤 답변을 할 것인가부터 생각하고, 가장 많은 시간을 할애하여 답변을 만든다. 하지만 면접장의 문이 열렸을 때, 입실할 때, 면접관의 질문을 들을 때, 옆 지원자가 말하고 있을 때 등 수많은 상황에서 지원자가 어떻게 행동하는지를 면밀히 살펴본다. 지원자의 태도가 곧 입사 후 회사생활에 임하는 신입사원의 태도가 될 수 있기 때문이다.

면접을 잘 봤다고 생각했는데 떨어진 케이스가 있고, 면접을 못 봤다고 생각했는데 합격하는 케이스가 있다. 면접 답변 잘 외웠고, 별다른 돌발 상황 없이 예상대로 면접이 잘 진행되었다. 압박 질문이 들어왔을 때에도 논리적으로 답변을 했고, 어려운 질문도 미리 준비했기 때문에 면접을 잘 봤다고 생각했다. 하지만 '탈락'이라는 결과 앞에 납득하기 어려워하는 지원자들도 꽤 있다.

반면, 면접에서 말을 조금 버벅이기도 했고 많이 긴장해서 목소리가 떨렸던 지원자, 처음 들어보는 어려운 질문이 나와서 제대로 답변 못하고 죄송하다는 말만 하고 면접이 끝났던 지원자, 답변이 갑자기 생각이 나지 않아서 준비한 대로 줄줄 완벽하게 말하지 못한 지원자가 합격을 하기도 한다. 보통 '운이 좋아서'라고 생각하지만 이런 지원자들의 특징은 바로 '태도'가 좋았기 때문이다. 답변이 조금 부족하더라도 호감 가는 태도를 보여준다면, 면접이 끝난 뒤 가장 기억에 남는 지원자가 된다. 또 함께 일해보고 싶은 사람이 된다.

'답변'만 잘하면 면접에 붙는 게 아니라 '답변'과 '태도' 둘 다 면접에서 중요하고, 답변의 부족함을 태도로 커버해서 합격할 수도 있다는 것을 알아야 한다. 면접 답변이 완벽해서 붙었기보다는, 면접에 임하는 마인드나 태도가 좋아서 합격한 케이스가 많다. 다른 지원자들은 놓쳤던 찰나의 순간에 태도적인 강점을 발휘해 합격한 케이스의 예시를 살펴보자.

태도가 좋아 합격한 케이스

1. 입실할 때 모두가 긴장한 듯한 모습이었다. 5명의 지원자와 함께 입실을 했다. 문이 열리자마자 면접실 정중앙에 앉아 계시는 면접관과 눈이 마주쳤다. 그 순간 정말 나라는 사람에게 이런 기회를 주셔서 감사하다는 생각이 들었고, 면접관에게 가볍게 목례를 하며 인사를 드렸다. 나중에 합격해서 이야기를 들어보니 면접실에 들어올 때 다른 지원자들은 각자 자기 자리를 찾아 걸어 들어오기 바쁜데, 면접관을 보며 혼자 공손하게 인사했던 모습이 보기 좋았다고 말씀해 주셨다.

2. 다른 지원자와 함께 면접을 보면, 그들이 어떤 답변을 하는지 귀에 다 들어온다. 면접관이 질문을 했는데, 옆 지원자가 ○○에서 ○○를 했던 경험이 있다고 답변을 했다. 나도 평소에 관심은 있었지만 도전해 보지 못했던 경험이어서 신기했고, 옆 지원자가 대단하게 느껴졌다. 나도 모르게 그 지원자의 답변에 집중하게 되었고 고개를 끄덕이며 끝까지 경청했다. 그때 면접관께서 나를 보고 훈훈한 미소를 보여주셨다. 옆 지원자들의 답변이 나를 떨어뜨리는 이유가 된다고 생각하기보다는 함께 붙어서 동기로 일하고 싶다는 생각으로 옆 지원자들의 말을 잘 들었던 것을 면접관이 좋게 봐주신 것 같다.

3. 면접장에 입실한 뒤 '뒤에 있는 의자에 앉으시면 됩니다'라는 면접관의 안내가 있었다. 그때 면접관께 '감사합니다'라고 웃으면서 말씀드렸다. 면접이 다 끝났을 때 '오늘 모두 수고하셨습니다. 나가셔도 됩니다'라고 말하셨는데, 그때에도 '감사합니다'라고 웃으면서 말씀드렸다. 다른 지원자들 사이에서 사소한 상황도 놓치지 않고 밝고 공손한 태도를 보여드리려고 노력한 모습을 좋게 봐주신 것 같다.

4. 화상면접을 보려고 모든 준비를 마친 뒤 버튼을 눌렀는데, 면접관의 얼굴이 보이지 않았다. 면접관을 보여주는 화면이 꺼져 있었고 소리가 들리지 않았다. 그때 "안녕하십니까! 면접관님, 제 목소리 들리십니까?"라고 부드럽고 공손하게 먼저 말씀드렸다. 그때 면접관의 목소리가 들려왔고, "죄송하지만, 면접관님 목소리는 잘 들리는데 화면이 보이지 않습니다. 제가 다시 접속을 해봐도 될까요?"라고 말씀드리며 재접속을 했다. 면접관의 얼굴이 보이고, 목소리가 잘 들렸고, 준비한 대로 면접을 잘 보게 되었다. 처음에 무척 당황했지만, 그런 상황에서도 면접이라는 것을 잊지 않고, 차분하고 부드럽게 말씀드린 것이 면접 합격에 도움이 된 것 같다. 합격 후 면접관께서 그때, 회사 시스템 문제로 화면이 보이지 않았는데, 충분히 당황할 상황이었는데 차분하고 긍정적인 모습이 보기 좋았다고 칭찬해 주셨다.

위 사례들을 보면 거창한 행동, 튀는 행동을 해서 붙은 게 아니다. 면접에 임하는 공손한 마인드, 면접관을 대하는 밝고 예의 바른 태도, 옆 지원자들을 동료라 여길 줄 아는 태도가 순간 밖으로 표현되었을 때 그것이 강점이 되어 면접에서 합격했다. 이런 태도는 실제 직장생활을 할 때 가장 중요한 부분이다. 선배에게 먼저 밝게 인사하는 태도, 선배의 지시에 겸손한 마인드로 따라가는 태도, 사소한 상황도 놓치지 않고 시원시원하게 대답하는 태도는 어떤 회사, 어떤 상사라도 바라는 자세이다.

현직으로 일하는 면접관들은 누구보다도 잘 알고 있다. 업무는 입사 후 어떻게든 배우고 노력하면 따라갈 수 있는 부분이지만, 마인드와 태도는 쉽게 변하지 않는다는 것을. 입사 초반 업무 스킬이 조금 부족한 막내이더라도 열심히 배워보려는 의지, 고객을 대하는 밝고 긍정적인 마인드, 상사를 대하는 겸손한 태도가 있는 막내가 입사하면 좋겠다고 생각한다. 그런 막내라면 얼마든지 나의 개인 시간을 쪼개서라도 일을 가르쳐주고 싶다. 함께 오래 가고 싶다는 마음이 생기계 만드는 후배를 뽑고 싶어한다. 이런 부분은 '답변'만으로 강점을 표현하기 부족하다. 겸손하고 긍정적인 '태도'가 강점으로 어필되었을 때 여러분도 '면접 프리패스'가 될 수 있다.

다음 표를 보며 상황에 맞는 태도 연습을 해보자. 실제 합격했던 '면접 프리패스' 태도를 갖춘 지원자들의 면접에서 실제 합격 이유라고 꼽았던 태도를 각각의 상황에 맞게 풀어보았다. 면접 입장부터 퇴장까지 실제 면접 현장을 생생히 그리면서 준비해 보자.

면접 상황별 마인드와 태도

입실할 때 / 첫 인사, 수험번호와 이름을 말할 때	
합격 마인드 오늘 이 면접에 온 것 자체로도 인생에 도움이 될 감사한 경험이다. 이런 기회를 주신 면접관, 회사에 감사한 마음으로 최선을 다하자. 부족한 나에게 이런 기회를 주신 분들, 어렵게 시간 내주신 분들께 누가 되지 않도록 최선을 다하자. 면접관이 어디서 본 것처럼 굉장히 친근하게 느껴진다. 어색하지 않도록 나도 친근하고 싹싹하게 인사하자. 회사에서 중요한 역할을 하는 분이고, 입사 후 상사로 모실 수도 있으니 밝고 예의 바르게 인사하자.	**탈락 마인드** 별 생각이 없다. 당연히 해야 하니까 시킨 대로 인사 각도와 속도 잘 맞추고, 순서에 맞게 수험번호, 이름을 말한다. 면접관의 표정이 너무 딱딱하고, 진지해 보여서 더 긴장된다. 어려운 질문을 하면 어떡하지 걱정만 앞선다.

합격생들의 태도

인사할 때 각도나 속도 같은 형식적인 것에 집중하기보다는, 싹싹하고 자신감 있는 태도에 더 집중한다. 입사 후 함께 일할 선배라고 생각하며 너무 긴장하기보다는 밝게 웃으면서 인사한다.

수험번호와 이름을 말할 때, 나의 목소리가 면접관에게 가장 먼저 전달되는 순간이다. 자신감 있고 밝은 목소리로 말한다. 내 이름을 면접관이 잘 기억할 수 있도록 또렷한 음성으로 천천히 말한다.

옆 지원자가 답변할 때	
합격 마인드	**탈락 마인드**
옆 지원자와 함께 입사하게 되면 동기가 될 텐데, 어떤 얘기를 하는지 경청하자.	옆 지원자가 나보다 더 스펙이 높을까봐 걱정된다. 옆 지원자가 너무 잘해서 내가 떨어지면 어떡하지.
옆 지원자도 오늘 면접을 위해 준비 많이 했을 텐데, 본인 차례에 집중할 수 있게 방해되지 않도록 잘 듣자.	역시 나보다 경험도 많고 스펙도 높구나. 오늘 면접에서는 옆 지원자가 붙을 것 같다. 오늘도 역시 탈락인 것 같다. 나보다 잘난 사람들이 왜 이렇게 많을까?
역시 이런 면에서는 나보다 더 나은 점이 있구나. 대단하다. 면접에서 만났지만 배울 점이 많다.	옆 지원자에게 한 질문을 나에게 똑같이 할 수 있다. 빨리 답변을 생각하자.

합격생들의 태도
옆 지원자의 답변을 경청하며 공감하는 태도를 보여준다. 옆 지원자가 답변을 하는 순간에도 면접이라는 것을 잊지 않고 집중하는 태도를 보여준다. 옆 지원자의 강점과 나의 강점을 비교하며 누가 붙을지 판단하지 말고, 존중하는 태도로 답변을 경청한다.

말하다 버벅거렸을 때, 답변이 잘 생각이 안 날 때	
합격 마인드	**탈락 마인드**
생각했던 것처럼 말이 잘 나오진 않지만, 그래도 진정성 있는 메시지를 전달하려고 노력하자.	생각한 대로 답변이 안 나오고 말도 더듬어서 이번 면접도 탈락인 것 같다. 다음 질문에 대한 답변을 할 의욕이 없어진다. 이미 결론은 난 것 같다.
상황이 좀 어려워지고 있지만, 끝까지 포기하지 말고 노력해 보자. 결과는 아직 모른다. 끝까지 긍정적인 마인드로 최선을 다해보자.	많이 준비했는데도 왜 이런 상황이 생기는 걸까? 역시 나는 면접에 너무 약한 것 같다. 이번에 합격하기 어려울 것 같다. 내가 너무 바보 같고 한심하다.

합격생들의 태도
면접은 누구에게나 긴장되는 상황이기 때문에, 당연히 말을 더듬을 수도 있고, 준비한 대로 진행되지 않을 수도 있다. 그럴 때 부정적인 생각을 하면 그대로 태도에 드러나기 때문에, 끝까지 긍정적인 생각을 하는 것이 중요하다. 무표정을 짓거나, 한숨을 쉬거나, 고개를 흔드는 등 상사 앞에서 부적절한 행동으로 보일 수 있는 태도는 절대 보이지 말자.

입사 후에도 수많은 변수가 있을 텐데, 오늘 또한 그런 상황이라 생각하고 차분하게 행동하면 된다. 면접에서 어떤 말을 하려고 외워 왔는지, 면접관은 알지 못한다. 실수를 하더라도 유연하게 넘어가고, 다음에 더 잘하는 모습을 보이면 된다는 생각으로 끝까지 최선을 다해보자.

실수를 했더라도 아직 면접이 끝난 게 아니다. 섣불리 판단하여 포기하지 말고, 퇴실할 때까지 공손하고 차분한 태도를 끝까지 보이자.

마지막 인사할 때	
합격 마인드 오늘 여러 질문을 하며 시간을 내준 면접관께 정말 감사하다. 끝까지 답변 잘 듣고, 공감해 주어 너무 감사하다. 꼭 한 회사에서 함께 일하는 선후배로 다시 만나게 되었으면 좋겠다. 질문이 어렵기도 했고, 답변할 때 실수도 있었지만 그래도 오늘 이 경험이 너무 감사하다. 오늘 최선을 다한 나를 칭찬한다.	**탈락 마인드** 드디어 끝났다. 빨리 집에 가고 싶다. 면접관은 나를 뽑을까? 떨어뜨릴까? 결과는 언제 나올까? 빨리 나왔으면 좋겠다.

합격생들의 태도
바쁜 상황에서도 새로운 직원을 뽑기 위해 시간 내주신 면접관에게 감사한 마음을 담아 인사한다. 회사 생활을 오래 해오신 선배님께서 나라는 사람에 대해 관심을 갖고 여러 가지 질문을 해줬다는 것을 기억하자. '감사합니다' 한 마디에도 진심을 담아 공손하게 인사하자.

답변은 나답게, 태도도 나답게

답변을 이기는 캐릭터의 힘

자기소개서에 잘 녹여낸 나만의 성향과 강점으로 서류에 합격했다. 면접관은 자기소개서를 읽고 지원자가 어떤 캐릭터일까 상상한다. 지원자의 캐릭터가 직무와 잘 맞아 보였기 때문에, 조직생활을 하기에 적합한 인성을 갖추었다고 판단했기 때문에 서류 합격이라는 결과를 주었다. 면접관은 실제 면접장에서 만난 지원자를 직접 보면서 캐릭터를 파악한다.

어떤 회사, 어떤 직무라도 잘 뽑히는 캐릭터가 있다. 친화력이 있고 열정적인 사람, 적극적이고 의지가 강한 사람, 변수에 잘 적응하고 능동적인 사람, 어느 누구와도 유연하게 소통하며 좋은 관계를 만드는 사람, 부족하더라도 스스로 노력하여 점점 발전하는 사람, 어떤 면접관이라도 이런 강점이 있는 사람을 뽑고 싶어한다. 지원자도 잘 알고 있기 때문에 강점 키워드를 자기소개서에 녹여냈을 것이고, 면접 답변으로도 준비했을 것이다. 그럼 이제 나도 합격할 수 있을까?

실무 경험이 많고, 관리자 역할을 수행하는 면접관의 입장에서 다시 생각해 보자. 지원자 중 직장생활을 짧게라도 해 본 경험이 있다면 이해가 쉬울 것이다. 같은 업무를 지시하더라도 각자의 고유한 캐릭터가 발휘되며 조금씩 다른 스타일로 일 처리를 하게 된다. 직장생활을 하며 빠르게 상황 판단을 해야 할 때나, 업무에 문제가 생겼을 때, 선배와 갈등이 생겼을 때 등 여러 변수에 대처해야 하는 일이 수도 없이 많이 생긴다. 아무리 업무 매뉴얼이 명확하고 체계적인 회사에 입사하더라도 각각의 캐릭터가 업무에 녹아날 수밖에 없다.

업무에 적용하는 각자의 업무 캐릭터, 즉 강점이 직장생활에서 중요한 부분이고, 결국 회사에 오래 다니게 만드는 요소이다. 스펙이 좋은 사람이 오래 다니는 것이 아니라, 끈기와 근성이 있는 사람이 오래 다닌다. 또한 경력이 화려한 사람이 상사와 잘 지내는 것이 아니다. 배우려는 마인드와 의지, 열정이 있는 사람이 상사와 문제가 생겼을 때에도 지혜롭게 대처한다. 그래서 스펙, 경력보다는 '캐릭터의 강점'을 보여주는 것이 면접관에게 나를 더 강하게 어필할 수 있는 방법이다.

그렇다면 '계획적이다, 꼼꼼하다, 이성적이다' 이런 성향도 면접에서 강점 캐릭터로 살릴 수 있을까? 업무를 할 때에는 계획적이고, 정확하고, 객관적으로 생각하고 판단하는 성향이 당연히 도움이 된다. 하지만 이런 키워드는 태도로 표현하기 어려울 뿐더러 자칫하면 냉정해 보이고 차가운 캐릭터, 개인주의적인 성향이 강한 캐릭터로 보일 수 있다. 업무를 수행할 때는 꼼꼼하고 정확하게 해내더라도 상사와는 공손하고 친절한 태도로 대화할 수 있다. 객관적이고 이성적으로 업무를 해내는 사람도 상사의 지적을 받았을 때 빠르게 인정하고, 겸손하게 배우려는 태도를 보여줄 수 있다. 이처럼 업무 자체를 수행할 때만 보일 수 있는 강점 키워드는 태도로 표현하기 어렵다. 면접관과 소통하며 표현할 수 있는 강점 캐릭터, 상황 대처를 할 때 보여줄 수 있는 강점 캐릭터에 포커스를 맞춘다.

답변과 태도의 언행일치

지원자가 글과 말로 '친화력이 있고 열정적인 사람'이라고 표현했다고 해서 면접관이 있는 그대로 믿어주는 것이 아니다. 답변은 물론 태도로 강점 키워드를 표현했을 때 신뢰감을 줄 수 있다. 답변 내용과 태도가 일관성 있게 표현되었을 때 그것이 나만의 강점 캐릭터가 된다.

의외로 많은 지원자가 면접관을 혼란스럽게 만든다. 자기소개서에 열정적이고 적극적인 사람이라고 써낸 지원자가, 답변을 할 때마다 목소리가 줄어들고, 표정이 어두워진다. 면접관은 소심하고 부정적인 지원자라고 판단할 수밖에 없다. 밝고 친화력이 있는 사람이라고 써낸 지원자가 만나보니 낯을 가린다. 쭈뼛거리며 눈을 잘 마주치지도 못한다. 면접관은 자기소개서에 써낸 내용이 거짓말이라고 판단할 수밖에 없다. 당연히 떨어질 확률이 높다.

"저는 친절한 사람입니다"라는 말 한마디보다 상대방과 눈을 마주치며 부드럽게 웃어주는 눈빛이 훨씬 친절하게 느껴진다. "저는 열정이 있는 사람입니다"라는 말 한마디보다 빠릿빠릿한 행동, 밝고 적극적인 표정과 목소리를 보여줬을 때 열정적인 사람이라는 평가를 받는다. 말과 행동이 다른 지원자는 면접에 합격하기 어렵다.

자, 그럼 내가 쓴 자기소개서와 면접 답변을 다시 들여다보자. 어떤 말투와 표정으로, 어떤 태도로 답변을 했을 때 나만의 고유한 강점이 잘 드러날 수 있을까? 면접에서는 사소한 행동 하나로 합격이냐 불합격이냐가 결정될 수 있다. 목소리의 높낮이와 크기, 주로 사용하는 단어와 표현법, 눈빛과 표정 등 찰나의 모든 순간에 나의 캐릭터가 표현될 수 있다.

작정하고 강점을 답변으로 말할 때보다 면접관은 찰나의 순간 보여지는 지원자의 태도를 보고 판단한다. 그렇기 때문에 답변이 아무리 완벽해도 면접에서 탈락할 수 있고, 답변이 부족하더라도 태도의 강점으로 면접에서 붙을 수도 있다. 위기 상황에서도 태도로 합격하는 경우가 종종 있다. 면접은 나 혼자만 잘하면 되는 필기시험이 아니기 때문에 여러 변수가 발생하기도 한다. 오히려 이런 변수를 기회 삼아 합격한 케이스가 많다. 면접에서 탈락 위기라고 느꼈던 순간에도, 강점 캐릭터를 발휘하여 합격한 사례가 있다.

실제 면접에서 자주 발생하는 상황과 합격생들은 이 상황에서 어떤 태도를 보였는지, 면접관은 어떠한 이유로 뽑았는지 아래 사례를 살펴보자.

만약, 여러분이라면 이런 상황에서 어떻게 할 것인가?

위기 상황	AI면접, 와이파이가 갑자기 끊겨 면접 진행이 제대로 되지 않았다. 준비했던 답변은 한마디도 하지 못했고, 면접을 봤다는 말을 하기도 무색할 정도였다. 바로 회사에서 전화가 오는데, 화상 면접 진행이 어려우니 전화로 면접을 대체하자고 했다. 전화로 질문받고 답변하는 면접을 보게 되었다.
합격생의 태도	화상 면접이 원래 이런저런 변수가 많이 생길 수 있다고 들었다. 당황할 만한 상황이었지만 면접관들도 불편하셨을 것 같다. 전화로 면접을 볼 수 있게 해주신 것도 감사하다. 얼굴이 보이지 않으니 목소리가 더 친절하고 공손하게 들리도록 신경쓰면서 면접을 봐야겠다.
강점 캐릭터	주어진 상황에서도 최선을 다함 / 어려운 순간에도 긍정적으로 생각함 / 친절하고 공손함

위기 상황	면접을 보러 들어갔는데 같은 조에 배정된 다른 지원자들의 텐션이 높다. 첫인사를 할 때부터 모두 목소리가 크고 말하는 속도도 빠르다. 다들 답변을 능숙하게 잘하며 굉장히 적극적이다. 먼저 답변하실 분은 손 들고 해보라는 면접관의 말이 끝나자마자 모두가 손을 번쩍 든다. 마지막까지 다들 적극적이고 열정적으로 말을 잘한다. 모두가 의욕이 강해서 나만 너무 차분하고 얌전한 사람으로 보일 것 같다.
합격생의 태도	나는 나대로 하면 된다. 오히려 다른 지원자들의 목소리가 크고 말 속도가 빨라서 면접관이 알아듣기 힘들 수도 있으니 내 생각을 천천히 차분하게 하나씩 말씀드리자. 평소 나의 장점은 침착하고 차분한 캐릭터이다. 옆 지원자들에게 휩쓸리지 않고 나는 나대로 면접 보면 된다는 마음으로 침착하게 답변했다.

강점 캐릭터	차분하고 침착함 / 진정성이 있음, 신뢰 가는 이미지 / 상황에 휩쓸리지 않고 본인 할 일을 잘할 것 같음

위기 상황	면접장에 들어가니 지원자들을 위한 테이블과 의자가 세팅되어 있었다. 의자에 앉아 면접을 보는데 옆 지원자가 답변을 하다가 갑자기 사레들려 기침을 심하게 한다. 당사자도 당황했지만 앞에서 얘기를 듣던 면접관도 당황하는 표정이었다.
합격생의 태도	다들 어쩔 줄 몰라 하던 때, 테이블에 놓여 있던 물을 들어 뚜껑을 연 뒤 옆 지원자에게 건넸다.
강점 캐릭터	자발적으로 행동함 / 옆 지원자를 배려함 / 상황 대처가 빠름 / 매너가 몸에 배어 있음

위기 상황	면접을 보다가 면접관이 갑자기 어려운 질문을 했다. "혹시 ○○○에 대해서 아는 지원자 있나요? 있으면 손 들고 말해 보세요." 아무도 손을 들지 않는다. 순간 정적이 흐르고 면접관들의 표정이 어두워진다.
합격생의 태도	들어보기는 했는데 확실하게 잘 알고 있는 건 아니다. 그래도 면접관이 질문했고, 아무도 대답을 하지 않으니 분위기를 바꿔보기 위해서라도 아는 선에서 말해 보자. 손을 들고, "혹시 ○○○ 이걸 말씀하시는 걸까요? 제가 알기로는 ∼입니다." 하며 아는 선에서 최선을 다해 말했다.
강점 캐릭터	적극적임 / 어려워도 열심히 함 / 포기하지 않고 노력함 / 어려운 상황에서도 최선을 다함 / 모두가 나서지 않을 때 먼저 나서서 함

위기 상황	마지막으로 간단하게 하고 싶은 말을 해보라고 했다. 다들 자기소개를 하듯이 본인의 장점을 말한다. 한 명씩 다시 길게 답변을 하니, 면접관이 시계를 봤고 표정이 안 좋아졌다. 다음은 내 차례인데, 나는 어떻게 답변하지?
합격생의 태도	모두가 답변을 길게 하니 면접관들이 힘들어 한다. 지루해 하는 것 같다. 오늘 면접에서 여러 질문이 나왔고, 면접관께 꼭 말씀드릴 내용은 이미 다 답변으로 말한 것 같다. 여기서 더 시간을 지체하는 것보다 마지막으로 간단하게 인사를 하자.
강점 캐릭터	눈치 빠름 / 분위기 파악을 잘함 / 면접관을 배려함 / 자신감 있음

이처럼 의식하고 했던 행동이 아니었음에도 면접관에게 충분히 강점 캐릭터가 어필되어 합격하는 상황이 생긴다. 위기를 기회로 만들었던 합격생들의 공통점이 무엇일까? 면접에 붙기 위한 행동과 만들어진 태도가 아니라, 상황에 자연스럽게 대처할 때 보여지는 강점 캐릭터가 합격 이유였다. 잘 보이기 위해 뱉는 말 한마디보다 적절한 태도가 합격을 만든다.

기억에 남는 한 학생이 있다. 여러 차례 면접에서 탈락한 경험이 있었다. 모의면접을 진행했는데 목소리가 컸지만 경직되어 있었고, 말할 때 웃고 있었지만 부자연스러워 보였다. 그 학생에게서 느껴졌던 분위기는, 뭔가 잘 안 맞는 옷을 입은 느낌이었다. 내 것이 아닌 걸 하고 있는 느낌, 뭔가 부자연스럽고 어색한 느낌이었다. 그 학생에게 어떤 걸 신경쓰면서 면접을 보는지 물어보았다. 면접이니까 당연히 목소리 크게 하기, 자신감 넘치게, 열정적으로, 계속 웃으면서 말하기를 신경 쓴다고 했다.

모의면접이 끝난 뒤 대화를 하며 파악한 캐릭터는 정반대였다. 차분하고 나긋나긋한 목소리, 은은하게 미소 짓는 다정다감해 보이는 이미지였다. 상대방의 말을 잘 듣고 고개를 끄덕이는 리액션이 좋았다. 어떤 피드백을 하더라도 잘 받아들이고 꼼꼼하게 메모하는 장점이 있었다. 대화를 할 때 느껴지는 강점, 자연스러운 본인의 강점으로 면접을 본다면 좋은 결과가 있을 것 같은데, 왜 그동안 이렇게 면접을 보지 않은 것일까?

면접이기 때문에 평소 목소리보다 무조건 크게, 면접에서는 차분한 캐릭터보다는 열정적인 캐릭터를 좋아하니까, 다른 지원자들 사이에서 존재감이 없으면 안 된다고 생각한다. 본인이 평소 그런 캐릭터라면 당연히 자연스럽게 표현이 되겠지만, 평소 얌전하고 조용한 성향, 내성적인 성향이라면 따라하는 것에 지나지 않는다. 평소와 다른 모습을 보여야 면접에 합격할 것 같다고 생각한다.

위 학생은 사무행정 직무에 지원했었다. 면접에 붙기 위해 꾸며낸 태도보다 평소 대화를 할 때 느껴지는 강점이 훨씬 더 사무행정 직무에 적합해 보였다. 목소리 크게 열정적으로 면접을 봤던 태도가 오히려 직무에 적합하지 않아 보였을 수 있다. 그것이 여러 차례 같은 직무에 지원했는데 계속 탈락했던 이유라고 판단했다.

나만의 성향을 자연스럽게 강점 캐릭터로 살려 합격할 수 있다. 외향형은 외향형대로, 내향형은 내향형대로 각자의 강점 캐릭터를 면접에서 보여줄 수 있다. 면접은 외향형에게 유리하고, 내향형에게 불리하다는 생각은 태도에 대한 오해이다. 내향형의 고유한 강점을 면접에서도 잘 보여주면 합격할 수 있다. 자연스러운 평소 나의 성향이 면접에서 보일 때 나와 꼭 맞는 옷을 입고 면접을 볼 수 있게 된다.

캐릭터 적용 연습

아래 예시를 통해 면접 입장부터 퇴장까지 외향형/내향형 성향에 맞는 면접 태도를 살펴보고, 실제 면접 현장을 생생히 그려보자.

캐릭터 A (열정적이고 리더십 있고, 활동적인 사람)

지원한 직무 : 영업, 판매, 고객서비스 등 동적인 일을 주로 하는 직무

면접장 가는 길	오늘 면접을 보게 된 것이 무척 기분 좋고 기대된다. 면접관은 어떤 사람일까 궁금하면서, 그동안 노력했던 나의 모습을 보일 때가 온 것 같아 기분이 좋다. 면접관과 자연스럽게 대화가 잘 되도록 긴장하지 말고 즐기면서 면접을 보자고 다짐한다.
면접장 도착	회사에 도착한 뒤 다른 지원자들은 어떤 사람들이고, 무엇을 하고 있는지 궁금하다. 같은 처지의 지원자들과 함께 얘기 나누며 긴장을 풀고 싶다. 먼저 가서 말도 걸고, 같이 열심히 잘해보자는 격려도 하며 분위기를 부드럽게 만든다. 면접을 도와주는 직원들과 눈이 마주칠 때는 먼저 웃으며 목례를 한다.
면접장 입실	면접장에 들어선 뒤 면접관과 눈이 마주치면 즉시 밝게 웃으며 '안녕하십니까' 하고 반갑게 인사한다. 긴장된 마음을 잘 마인드 컨트롤 한 뒤 자리에 선다. 면접관이 자리에 앉으라고 안내하면 생긋 웃으며 '감사합니다'라고 먼저 인사한다.
자기소개	자기소개를 할 때 쭈뼛대거나 주춤하지 않고 자신 있게 말을 시작한다. 개별 질문이 들어올 때 긴장하기보다는 분위기 자체를 즐기며, 웃는 표정으로 답변한다.
다른 지원자가 말할 때	다른 지원자가 답변할 때에도 주의 깊게 듣고, 고개를 끄덕이며 적극적인 리액션을 한다.
어려운 질문 받았을 때	어려운 질문이 나왔을 때에도 "죄송합니다! 제가 이 부분은 아직 생각을 해보지 못했습니다. 잠시만 생각할 시간을 주실 수 있나요?" 등의 적극적인 대응을 한다. 상황이 어렵고 힘들어도 최선을 다해 아는 것만이라도 답변하며 끝까지 긍정적으로 노력한다.
면접이 끝났을 때	면접이 끝나면 "감사합니다" 적극적으로 먼저 인사하고, 시원시원한 태도로 퇴장한다.

캐릭터 B (내향적이고 차분하고 섬세한 사람)

지원한 직무 : 사무행정, 경영지원, 회계, 비서 등 정적인 일을 주로 하는 직무

면접장 가는 길	기회를 주신 것에 무척 감사하다. 다른 지원자의 기회를 내가 얻은 것이라 생각하니 더 예의 바르고 성의 있게 면접을 보고 싶다는 의지가 생긴다. 최대한 예의 바르고 정중하게 행동하자고 다짐한다.
면접장 도착	회사로 출발하기 전 빠뜨린 것이 없는지 다시 한번 확인한다. 미리 도착해 준비할 수 있도록 일찍 출발한다. 여유 있게 도착해 주변 환경이 어떤지 분위기를 살피고, 회사에 방문한 외부인이니 주변에 방해가 되지 않도록 행동을 조심한다. 다른 지원자들도 본인의 면접을 위해 각자 준비하고 있으니, 먼저 말을 걸거나 인사를 하면 방해가 될 것 같다. 오늘 면접에 대한 시뮬레이션을 다시 한번 하면서 차분하게 준비한다. 면접을 도와주는 분들이 바빠 보인다. 알려주는 내용은 집중해서 경청한다.
면접장 입실	면접장에 들어선 뒤 면접관과 눈이 마주치면 가볍게 목례를 하고 들어간다. 면접관이 지시하는 대로 그에 맞춰 행동한다. 시키지 않은 행동은 굳이 미리 하지 않는다. 면접장에서 튀는 행동을 하기보다는 분위기에 맞게 눈치 있게 행동한다. 자리에 앉으라는 안내를 받으면 '감사합니다' 인사하고 앉는다.
자기소개	자기소개를 할 때 면접의 기회를 준 것에 대한 감사한 마음과 겸손한 태도로 답변을 시작한다. 혹시라도 단어 하나, 말투 하나에 오해를 받는 일이 생기지 않도록 차분하고 조심성 있게 말한다. 눈빛이나 제스처도 최대한 차분하고 예의 바르게 행동한다.
다른 지원자가 말할 때	다른 지원자가 답변을 하고 있을 때 주의깊게 들으면서 공감하며 경청한다.
어려운 질문 받았을 때	하나씩 차분하게 나의 생각을 천천히 설명한다. 경솔하게 빨리 대답하기보다는 우선 생각하고 말을 시작한다. 의도와 다른 말, 단어를 뱉지 않도록 천천히 신중하게 말한다.
면접이 끝났을 때	오늘 이런 기회를 주신 것에 대한 감사한 마음을 담아 진정성 있게 "감사합니다" 인사를 한다.

면접 AI병 고치는 법

나만의 성향을 자연스럽게 면접에서 태도로 녹이는 방법, 답변만이 아닌 태도로도 합격의 가능성을 높이는 강점 캐릭터에 대해 살펴봤다. 스스로 느끼는 바를 점검하고, 면접에서 이 정도를 해낸다면 분명히 그전과 다른 결과를 얻을 것이다. 여기에 이것 한 가지만 더 신경을 쓰도록 하자.

면접 준비를 처음 시작했을 때, 90% 이상의 지원자가 겪는 병이 있다. 바로 'AI병'이다. 정성껏 만든 답변을 한 글자라도 놓칠 세라 달달 외우려고 한다. 면접에서 더듬거나 완벽한 모습을 보이지 못할까 우려해서겠지만 오히려 면접 현장에서 작은 변수 하나에 당황하여, 머릿속이 새하얘질 수 있다.

평소 대화 또는 아르바이트 등의 경험을 통해서 상황에 맞는 대화와 태도가 중요함을 알고 있을 것이다. 고객께 "주문하신 음료 나왔습니다"라는 말을 할 때와 "주문이 많아 시간이 오래 걸릴 것 같은데 괜찮으세요?"라는 말을 할 때의 목소리와 태도는 달라야 한다. 상황에 맞는 말과 태도를 보일 때 상대에게 형식적으로 들리지 않는다. 선배와 대화하는 경우에도 일상적인 인사를 전할 때와

"어떤 일을 하면 될까요?"라든지 "죄송하지만, 이 업무는 말씀하신 시간까지 끝내기는 어려운데 조금 더 시간을 주실 수 있을까요?", "아까 말씀하신 내용을 제가 제대로 이해를 못했습니다. 다시 말씀해 주실 수 있으세요?"와 같은 업무적인 보고와 양해의 말을 할 때도 마찬가지다. 상황에 맞는 말투와 표정, 태도를 갖추어야 한다. 대화를 할 때 텍스트에만 신경을 쓰면 의도를 제대로 전할 수 없고, 변수의 상황에 대처하기가 어렵다.

면접에서도 외운 답변을 그대로 말하겠다고 생각하기보다는 질문에 맞는 답변의 틀을 정리하고, 상황에 맞는 답변과 말투, 분위기를 보여주는 것이 중요하다. 어떤 질문이 나와도 외운 답변을 떠올리기에 바쁘고, 같은 표정과 같은 말투, 목소리 톤으로 말한다면 답변 내용에 문제가 없더라도 호감이 가는 캐릭터로 비춰질 수 없다.

면접에서 이런저런 질문을 던져보는 이유는 소통이 잘 되는가를 보기 위함도 있기 때문에 모든 질문에 똑같은 태도로 기계처럼 답변한다면 원활한 직장생활이 가능할 것인가 하는 우려가 생긴다. 특히 특정한 질문에서는 면접관이 보고 싶은 면접자의 태도가 있을 것이다. 미리 생각해 보고 상황에 맞는 적절한 태도를 보인다면, 눈치 빠르고 분위기 파악을 잘하는 신입으로 호감을 줄 수 있다. 면접에서 주로 많이 나오는 기본 질문에 각각 어떤 분위기와 태도를 보여주면 합격 가능성을 높일 수 있는지 사례를 살펴보자.

질문별 면접 분위기와 태도

자기소개

면접에서 가장 먼저 나를 표현할 수 있는 시간이므로 자신감 있는 태도로 좋은 인상을 남길 수 있도록 한다. 자신감 있게 하라는 말을 목소리 볼륨을 키워 말하는 것으로 해석하면 곤란하다. 목소리 크기는 면접장 크기와 면접관과의 거리에 맞는 적당한 목소리 크기로 말하면 된다. 자기소개에서 중요한 것은 가장 먼저 나라는 사람을 면접 답변과 태도로 보여주는 것이다. 외향적인 성격을 어필하고 싶은지, 세심하고 배려하는 성향을 어필할 것인지 면접 답변의 내용과 같은 분위기의 말투, 표정으로 말해야 답변에 더 신뢰감이 생긴다.

이미 외워온 5~6문장을 한 글자도 틀리지 않게 말하는 것에만 집중하는 지원자들이 많다. 그런 경우 미리 준비한 숙제 검사를 받는 것처럼 일방적인 말하기가 될 수 있다. 틀리지 않게 말하는 것보다 자연스럽게 대화하듯 말하는 것에 더 초점을 맞춰야 한다. 면접관이 본인이 하는 말을 잘 이해할 수 있도록 속도가 빨라지지 않게 여유 있고 편안하게 답변한다.

같은 직무에 지원한 여러 지원자들이 비슷한 경험, 비슷한 강점을 말하기 쉽다. 면접관이 비슷한 답변에 지루해 할 수 있기 때문에 차별화된 자기소개를 해야 한다. 면접 답변을 튀는 내용으로 구성하라는 것이 아니다. 표정, 말투에서도 본인의 강점이 표현될 수 있도록 차별화되게 말한다면 첫 자기소개부터 면접관들의 시선을 집중시킬 수 있다.

지원동기

직무에 왜 지원했는지를 묻는 질문이다. 오랜 기간 고민하고 많은 성찰 끝에 직무와 꼭 맞다는 확신을 갖게 되었다는 것이 보이도록 한다. 직무에 대한 애정과 의지가 있음에도 불구하고 가벼운 말투와 빠른 속도로 말하게 되면 전반적인 답변의 분위기와 톤이 가벼워질 수 있다. 진정성을 담는 것이 가장 핵심이다.

면접관은 직무에 대한 열정이나 각오 없이는 입사 후 얼마 되지 않아 그만둘 것이란 걸 잘 알고 있다. 그래서 면접이라는 짧은 시간에도 직무에 대한 관심, 확신, 열정, 애정을 보고 싶어 한다. 어디라도 괜찮고, 다른 곳도 지원한 지원자처럼 보인다면 합격이 어렵다.

직무에 대해 스스로 적합한 사람인지 충분히 고민을 했다는 걸 면접에서 표정, 말투로도 표현해 보자. 면접관과 시선을 맞추고 천천히 하나씩 본인의 생각을 말한다. 가벼운 말투보다는 진중한 말투로 이 질문만큼은 진정성 있게 말하겠다는 태도로 명확한 동기와 이유를 전달한다.

성격의 장점

원만한 회사생활이 가능한 지원자, 평소 인간관계에서 타인을 배려해온 지원자, 입사 후 어떤 상사와 함께 일하더라도 무리 없이 잘 어우러질 수 있는 지원자인지 보기 위해 묻는 질문이다.

답변의 내용에 맞는 표현까지 신경을 쓰면서, 차분하고 세심한 장점을 말한다면 말투도 부드럽게, 천천히 듣는 사람을 배려하며 말하는 표현이 좋다. 친근하고 외향적인 장점을 어필하고 싶다면 말투와 표정도 다양한 변화를 주면서 생동감 있게 표현하는 것이 좋다. 본인이 표현하고 싶은 성격의 장점이 답변과 태도로도 이어질 수 있도록 연습한다. 또한 본인의 강점을 어필할 수 있도록 자신감 있으면서도 자연스럽게 표현되도록 답변하면 된다.

성격의 단점

단점이 무엇인지 물으면 우선 위축되고 긴장하게 된다. 미리 준비한 질문이면서도 정작 질문을 받으면 당황하게 된다. 단점을 묻는 질문을 받았을 때는 스스로 인정하고 있다는 태도를 보인다. 단점이 무엇인지 스스로 잘 알고 있기 때문에 특히 조직생활이나 팀워크를 위해 더 조심하고 노력하고 있다는 것이 중요하다. 자칫하면 '단점이지만 고쳤다', '단점이지만 장점이 될 때가 더 많다'라는 식으로 질문 의도와 벗어난 답변을 하게 된다. 스스로 단점이 무엇인지 알게 되었다거나, 일을 하며 선배의 조언으로 고쳐야 할 점이 무엇인지 알게 되었다는 진정성 있는 접근이 우선되어야 한다. 그리고 단점으로 인해 함께 일하는 동료나 스스로의 발전에 부정적인 영향을 줄 수 있으므로 항상 신경 쓰고 있다는 것과 개선하려고 노력하고 있다는 점을 보여준다.

단점이 없는 사람은 없다. 면접관도 알고 있다. 단점을 숨기거나 포장하려고 하지 말고 솔직하게 말한다. 그리고 스스로의 단점을 누군가에게 말하는 순간이기 때문에 다른 답변들보다 표현 방법에 더 신경을 쓴다. 단점을 말하는 것이므로 자신 있게 큰 소리로 말하는 태도보다는 인정하는 태도, 겸손한 마인드, 개선해 나가겠다는 의지가 태도로 표현될 수 있도록 해보자.

입사 후 포부

꿈이 뭐냐고 묻는 질문에 시큰둥하게 '저는 ○○이 되는 게 꿈입니다'라고 말한다면, 스스로의 의지로 설정한 꿈이라고 보이지 않는다. 어쩔 수 없이 어떤 말이라도 해야 하니까, 물어보니까 답변한다는 무성의한 태도로 보일 수 있다. 입사 후 포부는 말 그대로 입사 후 어떤 계획과 목표를 가지고 있는지를 묻는 질문이다. 입사 후 신입으로서 하나씩 해나가겠다는 의지, 맡은 직무가 어려워도 잘 이겨내 보겠다는 근성, 장기적인 플랜을 가지고 회사에서 열심히 노력하겠다는 열정이 태도에서 보이도록 답변한다. 입사 후 포부를 말할 때는 반짝반짝 빛나는 눈빛으로 어떤 어려운 일이 있더라도 해내겠다는 패기를 보여야 한다.

압박질문은 논리보다 태도다

면접에 가기 전부터 압박질문에 대한 부담이 크다. 학점이 낮은 이유를 물어보면 어쩌지, 공백기에 뭘 했는지 물어보면 뭐라고 말할까, 본인의 단점으로 비춰질 수도 있는 질문에 어떻게 답하는 것이 좋을지 스스로 정리가 덜 된 느낌이라면 그 부담은 더 크다. 그렇다고 피할 수도 없는 일이다.

면접관은 반드시 내가 제출한 서류에서 나의 약점이 될 수 있는 부분에 대해 묻는다. 면접 후기들을 살펴보면 지원자의 답변에 대해 꼬리질문을 하기도 하고, 날카롭게 핵심을 찌르는 질문들로 지원자들을 당황하게 만든다. 압박질문은 면접관 입장에서는 회사 생활을 미리 예측할 수 있는 가장 좋은 방법이기 때문이다. 논리정연하게 답변하는 것만이 능사가 아니다. 압박질문에 답변하는 태도가 곧 입사해서 상사와 대화할 때의 태도가 된다.

흔히 압박질문이 나왔을 때 좋게 말하려고 포장하거나 빨리 상황을 모면하기 위해 대충 둘러대기 쉬운데, 그런 식으로는 면접관을 납득시킬 수 없을뿐더러, 가식적이고 인간미 없는 부정적인 캐릭터로 보일 수 있다. 부족했던 점은 스스로 인정하는 모습, 후회되는 이전 경험을 통해 더 노력하게 된 점, 직무에 있어 단점이 될 수 있는 부분을 인지하고 노력하고자 하는 의지를 보여주는 것이 중요하다.

압박질문에도 유형이 있다. 유형별로 질문을 하는 이유와 우리가 보여줘야 할 태도, 답변 방향에 대한 아래 예시를 살펴보자.

압박질문 유형	스스로도 인정하는 객관적인 약점일 때
질문 예시	• 학점이 왜 낮은지? • 토익 점수가 왜 낮은지? • 영어 전공인데 어학 공부를 왜 안 했는지? • 전공이 ○○인데 왜 관련 자격증이 없는지?
합격하는 태도	스스로 생각해 보더라도 정말 약점인 경우이다. 객관적으로 보더라도 약점이 맞고, 스스로 인정할 수 있을 만한 약점인 경우는 둘러대거나 핑계를 대면 스스로의 잘못을 인정하지 않는 지원자로 보일 수 있다. 솔직하게 인정하고 수긍하는 태도를 보여준 뒤, 약점을 얼마나 스스로 객관적으로 인식하고 있는지를 보여주는 것이 가장 중요하다. 또한 이런 약점이 업무에 어떤 부정적인 영향을 미치는지 알고 있다는 성찰과 그래서 어떤 노력을 하고 있는지 말하면 된다.
강점 캐릭터	부족한 점을 스스로 인정함 / 자발적으로 개선하려고 노력함 / 수긍하는 태도 / 인정이 빠름 / 진정성 있음

압박질문 유형	다른 지원자와 비교했을 때 상대적인 약점일 때
질문 예시	• 전공과 무관한데, 해당 직무에 지원한 이유 • 졸업 후 1년 공백기가 있는데 뭘 했는지? • 공백기에 무엇을 했는지? • 나이가 많다고 생각하지 않는지? • 왜 휴학을 했는지? • 왜 졸업을 미뤘는지? • 대외활동 경험이 왜 없는지? • 직무 관련 경험이 없는데 잘할 수 있는지?

합격하는 태도	짚어보면 잘못한 것은 아니지만, 약점처럼 느껴지는 경우이다. 스스로 잘못한 건 아니지만 면접에서 말하기 애매하거나 자칫 오해를 살 수 있어, 다른 지원자와 비교할 때 약점처럼 느껴지는 것들이 있다. 해당 직무에 취업하기 위해서 꼭 밟아야 할 정형화된 루트가 있는 것은 아니다. 다른 지원자와 항상 같은 선택을 하고 같은 경력을 쌓아야만 하는 것도 아니다. 하지만 면접관은 왜 그러한 선택을 했는지 생각을 물을 수 있다. 본인만의 선택 기준이 무엇이었는지 소신 있는 답변을 기대한다. 이런 질문은 너무 저자세로 답변하기보다는 본인만의 생각을 소신 있게 말하는 것이 더 좋다. 다른 사람이 약점이라고 생각할 수 있는 부분에 대해서 본인은 어떤 생각을 갖고 있는지, 진솔하게 말하면 된다.
강점 캐릭터	소신 있음 / 자발적으로 생각하고 노력함 / 도전정신 / 진취적임

압박질문 유형	모르는 질문이 나왔을 때
질문 예시	• 처음 들어보는 전문 용어에 대해 묻는 질문 • 한번도 생각하지 못한 질문 • 질문을 제대로 이해하지 못했을 때
합격하는 태도	아무리 철저히 준비를 하더라도 생각지도 못한 질문을 받을 수 있다. 도무지 답변이 생각나지 않는 질문이 있다. 5초 이상 아무 말도 못하고 가만히 있을 때, 지원자와 면접관 모두가 어색해지는 상황이 생긴다. 이런 경우 아무 말이나 횡설수설하거나 머뭇거리기보다는 모르는 점을 솔직하게 인정하는 것이 좋다. 맡은 업무가 어려울 때, 업무 적응이 힘들 때에도 혼자서 끙끙 앓는 후배는 답답하다. 혼나더라도 솔직하게 선배에게 말한 뒤 상황을 빠르게 해결하고 배워 나가려는 후배가 더 함께 일하기 편하다. 부족한 점을 알기 때문에 앞으로 노력하겠다는 개선 의지를 보여주면 된다.
강점 캐릭터	차분하고 침착함 / 빠르게 상황 판단을 잘함 / 돌발 상황에서도 몸에 밴 매너가 있음 / 예의 바름

안심Touch

압박질문 유형	답하기 곤란한 상황을 질문할 때
질문 예시	• 입사 후 업무량이 많다면? • 입사 후 상사와 갈등이 생긴다면? • 입사 후 적성에 맞지 않는다면? • 입사 후 야근을 해야 한다면?
합격하는 태도	실제 회사생활에서 발생할 수 있는 부분에 대해 미리 물어보는 질문이다. 직장 생활에 대한 로망과 기대가 있는 지원자보다는 현실적인 조직생활의 어려움 또한 잘 알고 있는 지원자가 장기 근속할 확률이 높다. 본인이 생각했던 것과 입사 후 실제 접하는 부분이 달라서 퇴사를 하는 경우가 많기 때문에, 입사 후 생길 수 있는 상황에 어떻게 대처할 것인지 미리 알기 위해 묻는 질문이다. 이런 질문들에는 어찌 보면 정답은 정해져 있다. 힘들어도 적응을 잘할 수 있고, 야근도 해낼 수 있다고 말을 해야 한다. 이때 자칫 형식적인 태도와 답변이 되지 않도록 주의한다. 입사 후 힘든 부분에 대해서도 미리 고려해 봤고, 그 또한 잘해낼 수 있다는 마음의 준비가 되었다는 것을 보여준다.
강점 캐릭터	신뢰감 / 진중함 / 유연하게 받아들임 / 빠르게 적응을 잘함 / 선배를 존중하고 겸손함 / 배우려는 자세 / 신입으로서 의지와 열정이 강함 / 끈기

밤새 몰두해서 쓰고 있는 이 책의 내용을
내가 취준생이었던 그때 알았더라면,
난 구글에 입사했을 것이다.

지금의 내가 시간여행자가 되어
취준생 시절로 돌아가 내 면접 현장에 갈 수 있다면,
'헛소리 그만해!'라고 속삭여주고 싶은 순간도 있다.
그때 내가 잘 몰랐듯이, 여러분도 모르는 것이 당연하다.

시간여행자가 될 수는 없지만,
여러분의 동반자가 되고 싶은 마음에 이 책을 쓴다.

나는 못했지만, 여러분은 여러분답게 잘해보라고.
그리고 나는 못했지만, 지금 이렇게 책도 쓰고 잘 살고 있으니,
너무 부담 갖지 말라고.

취업은 하고 싶지만, 면접은 보기 싫은 그대에게
그래도 꼭 면접은 가길 바란다!

- 송지은

저도 취업 준비를 시작하며 '내가 어떤 사람인가'에 대한 고찰을 시작했습니다.
자기소개서 한 줄도 제대로 쓰지 못해 제대로 살아온 인생인지 의문부터 생겼습니다.

MBTI나 각종 성격테스트의 결과를 보며 나를 정의했고
합격 후기를 읽어보며 취업하기 좋은 캐릭터가 되기 위해 노력했습니다.

그럴수록 모자란 부분만 더 선명해질 뿐이었습니다.

자존감 바닥이던 저를 다시 희망으로 이끌어준 것은
사소한 내 장점 하나가 열 개의 단점을 극복할 수 있다는 생각의 전환이었습니다.
생각해 보니 나를 부정하는 순간이 가장 힘들기도 했지만
나라는 캐릭터를 재정립하는 기회의 순간이기도 했습니다.

답은 이미 내 안에 있었습니다.
이 책을 통해 각자 나만의 답을 찾길 바랍니다.
나는 나대로 붙을 수 있습니다!

- 여근영

10년 전 작은 카페에서 학생들과 면접의 어려움을 나누기 시작했습니다.
나에 대해 알아가고 내 작은 경험이 답변이 되고
나 스스로 나답게 보일 수 있다는 것을 느끼면서
자연스럽게 불안감이 자신감으로 바뀌어 가는 과정을 볼 수 있었습니다.

여러분이 이 책으로 나에 대해 조금이라도 더 잘 알고
면접에서 "난 할 말이 많다", "나는 충분히 합격할 수 있다"
"나는 나에게 집중하면 된다", "정답은 인터넷 검색이 아니라 내 안에 있다"라는
확신과 자신감을 가질 수 있길 진심으로 바랍니다.

10년간 죠스플라잇과 함께 해준 3,000명이 넘는 죠스들께 진심으로 감사드립니다.

이 책을 읽는 모든 취준생들이 헤매지 않고 내 성향과 소소한 경험으로
원하는 삶을 시작하고 나다운 자신감을 가지시길 진심으로 바랍니다.

- 조한아

좋은 책을 만드는 길
독자님과 함께하겠습니다.

도서에 궁금한 점, 아쉬운 점, 만족스러운 점이
있으시다면 어떤 의견이라도 말씀해 주세요.
SD에듀는 독자님의 의견을 모아 더 좋은 책으로 보답하겠습니다.

www.sdedu.co.kr

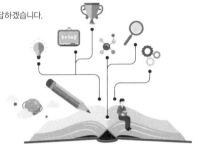

나는 나대로 붙는다 강점면접

초 판 발 행	2022년 06월 30일 (인쇄 2022년 05월 26일)
발 행 인	박영일
책 임 편 집	이해욱
저 자	죠스플라잇 송지은 · 조한아 · 여근영
편 집 진 행	김지운 · 하진형
표지디자인	이재령
편집디자인	홍영란 · 채현주
발 행 처	(주)시대고시기획
출 판 등 록	제10-1521호
주 소	서울시 마포구 큰우물로 75 [도화동 538 성지 B/D] 9F
전 화	1600-3600
팩 스	02-701-8823
홈 페 이 지	www.sdedu.co.kr
I S B N	979-11-383-2586-8 (13320)
정 가	16,000원

들으면서 공부하자!
오디오북 시대

잠깐! 오디오북 어떻게 들을 수 있나요?

나는 나대로 붙는다 강점면접 STEP1 오디오북 수강 안내

1. QR코드 접속 ▶ 회원가입 또는 로그인
2. 오디오북 신청 후 마이페이지에서 수강

오디오북 수강 ▲

상담 및 문의전화 **1600-3600**

코로나19 바이러스
"친환경 99.9% 항균잉크 인쇄"
전격 도입

언제 끝날지 모를 코로나19 바이러스
99.9% 항균잉크(V-CLEAN99)를 도입하여 「안심도서」로
독자분들의 건강과 안전을 위해 노력하겠습니다.

TEST REPORT

항균잉크(V-CLEAN99)의 특징

◉ 바이러스, 박테리아, 곰팡이 등에 항균효과가 있는 산화아연을 적용

◉ 산화아연은 한국의 식약처와 미국의 FDA에서 식품첨가물로 인증받아 **강력한 항균력**을 구현하는 소재

◉ 황색포도상구균과 대장균에 대한 테스트를 완료하여 **99.9%의 강력한 항균효과** 확인

◉ 잉크 내 중금속, 잔류성 오염물질 등 유해 **물질 저감**

#1
-
< 0.63
4.6 (99.9%)주1)
-
6.3 x 10³
2.1 (99.2%)주1)

Clean Zone